Par

Renele Awono

Photo de couverture par Nate Tecson

© 2020 par Renele Awono
Créature si Merveilleuse

Tous droits réservés. Aucune partie de ce livre ne peut être reproduite, stockée dans un système de recherche documentaire ou transmise sous quelque forme ou par quelque moyen que ce soit - électronique, mécanique, photocopie, enregistrement, balayage ou autre - à l'exception de brèves citations dans des revues ou articles critiques, sans l'autorisation préalable de l'éditeur.

Publié à Phelan, Californie, par Renele Awono

Sauf indication contraire, les passages utilisés dans ce volume sont tirés de la Sainte Bible, la version Louis Second (LS)®. Copyright © 2007, Société Biblique de Genève. Utilisé avec permission. Tous droits réservés.

Les citations des Écritures désignées ESV sont tirées de la Sainte Bible, English Standard Version ®, copyright © 2001 par Crossway Bibles, un ministère de l'édit ion de Good News Publishers. Utilisé avec permission. Tous droits réservés.

Les citations des Écritures désignées (NIV) sont tirées de la Sainte Bible, New International Version®, NIV® Copyright ©1973, 1978, 1984, 2011 par Biblica, Inc.® Utilisé avec permission. Tous droits réservés mondial.

Les citations des Écritures désignées New King James Version®. Copyright © 1982 par Thomas Nelson, Inc. Utilisé avec permission. Tous droits réservés.

Les citations des Écritures désignées (MSG) sont tirées de la Sainte Bible, The Message, Copyright © 1993, 1994, 1995, 1996, 2000, 2001, 2002 par Eugene H. Peterson.

Les citations des Écritures désignées (AMP) sont tirées de la Sainte Bible, Amplified Bible, Copyright © 2015 par The Lockman Foundation, La Habra, CA 90631. Tous droits réservés.

Les citations des Écritures désignées (NASB) sont tirées de la Sainte Bible, New American Standard Bible, Copyright © 1960, 1962, 1963, 1968, 1971, 1972, 1973, 1975, 1977, 1995 par The Lockman Foundation.

Les citations des Écritures désignées (NLT) sont tirées de la Sainte Bible, New Living Translation, copyright © 1996, 2004, 2015 par Tyndale House

Foundation. Utilisé avec la permission de Tyndale House Publishers Inc., Carol Stream, Illinois 60188. Tous droits réservés.

Broché :

ISBN-13 : 978-1-7353526-0-2

Numéro de contrôle de la Bibliothèque du Congrès :

Imprimé aux États-Unis d'Amérique

DEDICACES

A Dieu qui m'a fait connaitre le Ps. 139 :14 comme un thème personnel bien avant que je ne le comprenne pleinement. À mon mari bien-aimé, Yves, qui a constamment prié pour que j'ai l'inspiration de Dieu pour écrire, à mes merveilleux enfants qui m'ont toujours encouragée à être aventureuse, que ce soit en écrivant des livres ou en voyageant à travers le monde. À ma mère, qui a continué à prier pour moi au fil des ans. À mes amies Dawn Bracken et Taniysha Mebane, qui m'ont accompagnée tout au long de ma vie et qui m'ont soutenue pendant la rédaction de ce livre. À Yvonne Camper qui a été une véritable sage-femme, m'aidant à apporter sur cette terre ce que Dieu a placé en moi. Merci pour la sagesse, la motivation et la transformation que Dieu vous a permis d'apporter dans ma vie, cela a été inestimable.

Un grand merci à l'apôtre Kenneth et Bernadette Brown qui m'ont ouvert la porte du Cameroun et m'ont poussé à traduire ce livre en Français pour l'édification de ceux des nations francophones. Le couple Brown a été un soutien constant, d'encouragements et catalyseurs spirituels dans la vie de mon mari et moi. Merci à tous pour votre amour et votre soutien

AVANT-PROPOS

J'ai rencontré Renele, à travers une série d'occurrences divines qui n'étaient rien d'autre que la providence de Dieu pour sa destinée. Ces événements comprenaient sa participation à la conférence annuelle des femmes, organisée par notre assemblée locale de Douala. Conférence qui favorisa sa rencontre avec Yves, aboutissant plutard au mariage à l'Eglise Alliance de DIEU International. (Cameroun)

Les voies de Dieu étant insondables, Jérémie 1:5 dit: «Avant que tu ne sois formé dans le ventre de ta mère, je te connaissais». Non seulement Dieu nous connaît, mais il trace providentiellement nos chemins afin que nous accomplissions notre but, même lorsqu'il nous est inconnu.

Ce classique et chef-d'œuvre de Renele Awono, «Créature si Merveilleuse», parle d'une expérience au premier rang regorgeant plein d'encouragements. Ç'est une lecture convaincante, dans une analyse historique, philosophique et poétique. Elle expose des vérités fondamentales qui aident le lecteur à découvrir les desseins de Dieu pour une vie significative contemporaine, bref une existence bien remplie. Le livre est inspirant, et engage ainsi dans une dynamique compréhensive le lecteur, qui se voit aiguisé afin de discerner et interpréter les obstacles ou experiences de la vie. Celui-ci, découvre potentiel, dons et émancipation que l'Esprit Divin met en valeur, afin de lui permettre de naviguer vers ce voyage qui est son destin. Un livre fortement recommandé à tous ceux qui ont faim et qui cherchent à surpasser une existence superficielle.

Apostre Kenneth Brown, PHD
Fondateur de l'Eglise de l'Alliance de DIEU International.

INTRODUCTION

Créature si Merveilleuse est basé sur le Psaume 139 :14 Louis Second. La version Martin dit : "Je te célébrerai de ce que j'ai été fait d'une si étrange et si admirable manière ; tes œuvres sont merveilleuses ; et mon âme le connait très bien ". David s'arrête au milieu de ses écrits pour rendre hommage à Dieu qui l'a créé et il utilise le choix de mots le plus distinctif pour décrire à quel point Dieu l'a bien créé. Le mot "étrange" signifie ici "à part et unique". James Orr définit le mot "admirable" dans l'Ancien Testament comme une "œuvre miraculeuse, qui excite ou suscite l'émerveillement". Dans le Nouveau Testament, le sentiment d'émerveillement est principalement attiré par les manifestations merveilleuses de la puissance et de la sagesse de Christ" [1] Il est à la fois puissant et humble de savoir que nous sommes fait d'une manière étrange et admirable par la puissance et la sagesse de Dieu !

L'histoire de la création nous donne également un aperçu de la façon dont Dieu a tout créé à partir d'absolument rien. Prenez un moment pour le lire dans Genèse 1 (Bible Semeur) :

Premier jour
1-2 Au commencement, Dieu créa le ciel et la terre. Or, la terre était alors informe et vide. Les ténèbres couvraient l'abîme, et l'Esprit de Dieu planait au-dessus des eaux. 3-5 Et Dieu dit alors : Que la lumière soit ! Et la lumière fut. Dieu vit que la lumière était bonne, et il sépara la lumière des ténèbres. Il appela la lumière : « jour » et les ténèbres : « nuit ». Il y eut un soir, puis un matin…

Deuxième jour
6-8 Et Dieu dit : Qu'il y ait une étendue entre les eaux pour les séparer. Dieu fit l'étendue. Il sépara les eaux d'en-dessous de l'étendue des

eaux d'au-dessus. Et ce fut ainsi. Dieu appela cette étendue : « ciel ». Il y eut un soir, puis un matin…

Troisième jour

9-10 Et Dieu dit : Je veux que les eaux d'au-dessous du ciel se rassemblent en un seul endroit afin que la terre ferme paraisse. Et ce fut ainsi. Dieu appela « terre » la terre ferme, et « mer » l'amas des eaux. Et Dieu vit que c'était bon. 11-13 Et Dieu dit : Que la terre se recouvre de verdure, d'herbe portant sa semence, et d'arbres fruitiers produisant du fruit selon leur sorte, portant chacun sa semence, partout sur la terre. Et ce fut ainsi. La terre fit germer de la verdure, de l'herbe portant sa semence selon sa sorte et des arbres produisant du fruit selon leur sorte, portant chacun sa semence. Dieu vit que c'était bon. Il y eut un soir, puis un matin…

Quatrième jour

14-15 Et Dieu dit : Que, dans l'étendue du ciel, il y ait des luminaires pour que l'on distingue le jour de la nuit, et pour marquer les saisons, les jours et les ans. Que, dans l'étendue du ciel, ils servent de luminaires pour illuminer la terre. Et ce fut ainsi. 16-19 Dieu fit deux grands luminaires, le plus grand des deux afin qu'il préside au jour, et le plus petit pour présider à la nuit. Il fit aussi les étoiles. Et il les plaça dans l'étendue du ciel afin d'illuminer la terre, de présider au jour ainsi qu'à la nuit, et de séparer la lumière des ténèbres. Et Dieu vit que c'était bon. Il y eut un soir, puis un matin …

Cinquième jour

20-23 Et Dieu dit : Que les eaux foisonnent d'une multitude d'animaux vivants, et que des oiseaux volent dans le ciel, au-dessus de la terre ! Alors Dieu créa les grands animaux marins et tous les êtres vivants qui se meuvent et foisonnent dans les eaux, selon leur sorte, et tous les oiseaux ailés selon leur sorte. Et Dieu vit que c'était bon. Et il les bénit, en ces termes : Soyez féconds, multipliez-vous, remplissez les eaux des mers, et que les oiseaux aussi se multiplient sur la terre. Il y eut un soir, puis un matin…

Sixième jour
24-25 Et Dieu dit : Que la terre produise des êtres vivants selon leur sorte, des bestiaux, des reptiles et des insectes, et des animaux sauvages selon leur sorte. Et ce fut ainsi. Dieu fit les animaux sauvages selon leur sorte, il fit les bestiaux selon leur sorte, les reptiles et les insectes selon leur sorte. Et Dieu vit que c'était bon. 26-28 Et Dieu dit : Faisons les hommes pour qu'ils soient notre image, ceux qui nous ressemblent. Qu'ils dominent sur les poissons de la mer, sur les oiseaux du ciel, sur les bestiaux sur toute la terre et sur tous les reptiles et les insectes. Dieu créa les hommes pour qu'ils soient son image, oui, il les créa pour qu'ils soient l'image de Dieu. Il les créa homme et femme. Dieu les bénit en disant : Soyez féconds, multipliez-vous, remplissez la terre, rendez-vous en maîtres, et dominez les poissons des mers, les oiseaux du ciel et tous les reptiles et les insectes. 29-30 Et Dieu dit : Voici, je vous donne, pour vous en nourrir, toute plante portant sa semence partout sur la terre, et tous les arbres fruitiers portant leur semence. Je donne aussi à tout animal vivant sur la terre, aux oiseaux du ciel, à tout animal qui se meut à ras de terre, et à tout être vivant, toute plante verte pour qu'ils s'en nourrissent. Et ce fut ainsi. 31 Dieu considéra tout ce qu'il avait créé, et trouva cela très bon. Il y eut un soir, puis un matin…

La Bible décrit même comment " ç'est en lui qu'ont été créées toutes choses dans les cieux comme sur la terre, les visibles, les invisibles, les Trônes et les Seigneuries, les Autorités, les Puissances. Oui, par lui et pour lui tout a été créé. Il est lui-même bien avant toutes choses et tout subsiste en lui". (Colossiens 1 : 16-17 Semeur) Ç'est étonnant en soi ; ceci montre bien que Dieu est souverain et n'a pas besoin d'aide pour faire ce qu'il désire faire. Après avoir créé tous les animaux, l'univers et la mer, Dieu a gardé le meilleur pour la fin et nous a créés à leur image, l'image du Père, du Fils et du Saint-Esprit. Nous sommes faits à l'image et à la ressemblance de Dieu.

En explorant notre création de plus près, nous constatons que nous sommes les créatures uniques les plus complexes sur terre, ce qui est passionnant et suscite de la curiosité ! "Qu'a vu exactement David quand il a décrit comment il a été créé ?" Il a certainement compris quelque chose que beaucoup d'entre nous ne l'ont pas fait. Il a été créé intentionnellement par Dieu avec amour et dans un but précis.

Faisons ensemble un voyage au cœur de la question, pourquoi sommes-nous sur terre ? Beaucoup d'entre nous se posent cette question depuis bien trop longtemps, certains ont même abandonné. Au contraire, nous vivons chaque jour sans but véritable. Je ne vais pas prétendre avoir toutes les réponses à une question aussi complexe, avec de nombreuses, différentes circonstances ; cependant, nous pouvons entreprendre ensemble un voyage qui pourrait très bien nous fournir un point de départ et nous mener dans la bonne direction. Encore une fois, ce livre est basé sur la Bible et enraciné dans l'histoire de la création. Si vous n'avez jamais exploré la Bible ou la Création, je vous encourage à poursuivre votre lecture et vous promets que vous découvrirez une nouvelle perspective sur la raison pour laquelle vous êtes ici sur cette terre. Je prie pour que ce que vous lisez ne change pas seulement votre façon de penser qui vous êtes, mais qu'il vous aide à vous aligner complètement sur votre véritable destinée et votre but sur cette terre.

TABLE DES MATIÈRES

Partie 1 - POSER LA FONDATION DE LA VÉRITÉ......... 1

Chapitre 1 LA VÉRITÉ SUR DIEU……..……………….........3

Chapitre 2 CHOSI(E) VS. CREE(E)………………..…....………11

Chapitre 3 LA VÉRITÉ SUR MON IDENTITE..….…......19

Chapitre 4 CO-CREER AVEC DIEU…...……....…...29

Partie 2 - SURMONTER LES OBSTACLES……................39

Chapitre 5 PLUS UN ORPHELIN……………….…..…....41

Chapitre 6 ECRASER LE REJET…………………..…..53

Chapitre 7 LE PONT APPELÉ L'ABANDON..…..…...65

Chapitre 8 FAUSSES IDENTITES…………….…..…79

Chapitre 9 EN QUOI CROYEZ-VOUS ?......................87

Partie 3 - LE VOYAGE……….……………….…..............99

Chapitre 10 PIÈCES …......…......………………....... 101

Chapitre 11 DE L'ORDINAIRE A L'EXTRAORDINAIRE...113

Chapitre 12 CACHÉ À LA VUE DE TOUS..…..…... 125

Chapitre 13 L'ENCOURAGEMENT POUR LES ÉPUISÉ(E,S)..133

Chapitre 14 UN RICHE HÉRITAGE.................................. 143

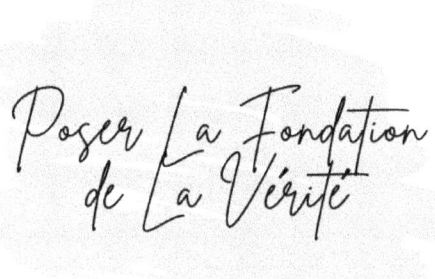

Partie 1

Cette section du livre est cruciale pour connaître et comprendre la vérité. Tout ce que vous lirez par la suite s'appuiera sur les bases établies dans cette section. Les experts en construction ont une compréhension claire de ce qu'ils sont chargés de faire. Qu'il s'agisse de construire une maison ou un gratte-ciel, les fondations sont la partie la plus intégrante de la structure. Elle détermine si le bâtiment restera debout ou s'effondrera. La Bible parle même de la façon dont un homme sage a construit sa maison sur le roc et les tempêtes, les vents et la pluie se sont jetés contre cette maison et elle n'est pas tombée parce qu'elle était fondée sur le roc, une fondation sûre. A l'inverse, il y avait un homme insensé qui construisit sa maison sur le sable, et les torrents sont venus, les vents ont soufflé et ont battu cette maison et elle tomba. Les écritures ajoutent : " sa ruine a été grande " (Matthieu 7 :24-27 LS). Le roc ç'est Jésus, la Parole de Dieu. La Parole vient pour assurer votre fondation, sceller les fissures, les fausses croyances et les mentalités qui vous empêchent de poursuivre votre but et de produire l'impact que Dieu a voulu.

Chapitre 1

LA VÉRITÉ SUR DIEU

Au commencement, je veux dire au tout début, avant que vous ne soyez conçu, vous étiez dans le cœur et la pensée de Dieu. Pour certains, cela peut être inimaginable et d'autres n'y croient tout simplement pas. Lorsque vous voyez un beau tableau, une danse élégante, un film qui vous touche, tenez une pièce de poterie unique ou même une superbe photo, il vous arrive quelque chose à l'intérieur. Le plus souvent, des questions vous traversent la pensée du genre : à quoi pensait cet artiste ? Quelle histoire essayait-il de raconter ? Prenez par exemple Michel-Ange, "qu'est-ce qui l'a poussé à s'allonger sur le dos pendant des heures pour peindre le plafond de la Chapelle Sixtine ? Nous comprenons sans aucun doute qu'il voulait que les autres lèvent les yeux et apprécient son chef-d'œuvre de conception unique. On peut donc se demander pourquoi nous avons été créés, quelle histoire Dieu essayait-il de raconter dans et à travers nos vies, qu'avait-il à l'esprit lorsqu'il nous a créés ? Et dans quel but avons-nous été conçus ?

Pour que nous puissions commencer à comprendre notre signification sur terre, nous devons revenir au début. Avant que Dieu ne crée la terre, il n'y avait rien, la terre était sans forme et vide, sans lumière (Genèse 1 :2 LS.) Au milieu des ténèbres, Il vous avait en pensée et pendant les cinq jours suivants, Il a pris son temps pour créer un endroit où vous pourriez habiter. Ce n'est que lorsque la terre a été entièrement créée qu'il a commencé à faire la conception la plus intelligente de la terre, vous ! Au sixième jour, Il commença à créer l'homme et la femme en sachant parfaitement que des générations viendraient après sa création initiale. La création de l'homme et de la femme est significative parce qu'elle montre à quel point vous et moi sommes précieux pour Dieu. Dieu n'avait pas besoin de créer des êtres humains ; il vous a créés avec un cœur d'amour et d'intention.

L'intention du créateur

Savez-vous à quel point vous êtes connu et aimé de Dieu ? Beaucoup d'entre nous ne connaissent pas ou ne comprennent pas entièrement les profondeurs de l'amour de Dieu pour nous. David a décrit avec une telle passion et une telle confiance à quel point Dieu nous adore. Examinons plus en détail les Psaumes 139 : 13 et 15 Semeur : " Tu m'as fait ce que je suis, et tu m'as tissé dans le ventre de ma mère." " Mon corps n'était pas caché à tes yeux quand, dans le secret, je fus façonné et tissé comme dans les profondeurs de la terre."

Lorsque vous créez quelque chose, un penchant se développe pour votre création. Pensez à la cuisson d'un gâteau ou à la construction d'un meuble, vous avez une appréciation attachante parce que du temps, des efforts, de la créativité et de la stratégie ont été investis dans votre travail. Bien que votre création ne puisse rien vous apporter de tangible en retour, vous avez toujours un sentiment profond d'appréciation pour elle. Imaginez la mère qui porte son enfant dans son ventre pendant neuf mois, le regarde grandir, le sent bouger et peut enfin toucher, tenir et interagir avec ce qui était autrefois une partie physique d'elle. Il existe un lien si profond entre une mère et son enfant.

> *Vous avez été créé pour REGNER*

Le Dieu de l'univers a pris son temps pour créer votre être le plus intime. David, que l'on appelait souvent le Psalmiste, décrit comment rien n'a été caché de Dieu lorsque vous avez été créé dans le lieu secret, le ventre de ta mère. Il décrit le fait que personne ne te connaissait dans ce lieu secret, pas même tes parents. Avez-vous déjà considéré qu'il y a des endroits en toi que seul Dieu connaît ! Des endroits qu'il ne peut que toucher parce que lui seul vous connaît vraiment. David poursuit en expliquant qu'il vous a tissé ensemble. La plupart d'entre nous savent ce qu'est le tricot ; vous commencez avec une pelote de fil et deux longues tiges flexibles. Ensuite, vous commencez par enrouler le fil sur une tige et vous le transférez sur l'autre. Au début, cela ne ressemble qu'à une petite chaîne de boucles, mais à chaque torsion unique du fil et à chaque manipulation des tiges, vous commencez à voir des motifs se former. Si vous avez déjà regardé quelqu'un tricoter, ç'est un processus fastidieux et méticuleux. Beaucoup de travail est nécessaire avant de réaliser la création proprement dite. Ce que nous voyons d'abord, ç'est un motif complexe, créé de façon unique et assemblé de façon si intensive. Une fois que tout est dit et fait, vous pouvez voir le produit fini que le designer avait en pensée dès le début. Ç'est la profondeur dans laquelle Dieu nous connaît, encore plus intimement que quelqu'un qui a travaillé pour tisser le chef-d'œuvre le plus complexe. Il nous connaît. Quiconque prête une telle attention aux détails a un intérêt direct dans notre vie. Dieu ne fait jamais d'erreur ! Voyez-vous son plan se former ici, sa stratégie détaillée pour votre objectif ? Ce n'est que lorsque nous ne connaissons pas et ne comprenons pas profondément ces vérités fondamentales que nous nous sentons mal aimés, rejetés et sans intérêt.

Votre importance sur la Terre

En poursuivant notre voyage, nous allons approfondir notre compréhension de la raison pour laquelle nous sommes ici sur terre. Dieu a voulu que vous soyez féconds et que vous vous multipliiez, et que vous remplissiez la terre Gen.1 :28 LS. Il a voulu que nous remplissions la terre de conceptions créatifs et d'inventions ingénieuses pour avoir un impact et atteindre le résultat escompté. La fécondité n'est pas seulement la procréation, bien que cela en fasse partie. Le mot fécond est expliqué comme "productif, déterminé, créatif et innovant". Il a ensuite remis la règle et la gouvernance de ce monde à la race humaine. Nous avons la possibilité, en tant qu'êtres humains, de régner ici sur la terre. Aucune autre espèce sur la planète n'est capable d'articuler, de concevoir, de créer, d'organiser, de résoudre des problèmes ou de divertir à un niveau aussi élevé que le nôtre. Les progrès considérables que nous avons accomplis dans le développement de notre monde en sont la preuve. Dieu a toujours voulu que l'homme règne sur la terre. Genèse 1 :26 LS explique : "Faisons l'homme à notre image, selon notre ressemblance, et qu'il domine sur les poissons de la mer, sur les oiseaux du ciel, sur le bétail, sur toute la terre, et sur tous les reptiles qui rampent sur la terre ".

Dieu a créé l'homme et lui a donné la domination sur la terre. Il lui a donné l'autonomie de nommer tous les animaux de la terre et de les dominer. L'intention de Dieu est mise en évidence par le fait qu'il nous a donné la capacité de penser et de choisir, et de suivre l'instinct en nous d'être ce que nous avons été conçus pour être. Ne serait-il pas étonnant de savoir que vous faites exactement ce pour quoi vous avez été créé ?

Savoir que vous réalisez un aspect du plan de Dieu pour votre vie, avoir la confiance, la provision, les compétences, la créativité, la sagesse et tout ce qui est nécessaire pour avoir un impact ! Avez-vous déjà pensé à avoir une garantie de succès avant même de commencer un projet, simplement parce que ç'est ce pour quoi vous avez été créé sur terre ? Vous avez été créé pour régner ! Quand je dis régner, je ne veux pas dire comme un dictateur. Je veux dire que dans tout ce que vous faites, vous excellez. Dans votre travail, vous trouvez toujours des idées et des solutions créatives, votre famille vous considère comme béni parce que vous savez gérer les responsabilités du foyer. Dans le monde, vous êtes recherché en tant que leader d'opinion parce que Dieu vous a donné des trésors cachés de sagesse à partager. Le plan de Dieu pour votre vie est que vous deveniez ce qu'il vous a créé pour être dès le début des temps : connaître votre identité, accomplir votre destin, avoir un impact significatif et amener beaucoup de gens vers Lui.

Changez votre pensée !

Vous n'êtes pas un accident ou une erreur ! Vous ne comprenez peut-être rien de la Bible ou même de Dieu. Cependant, cela ne change rien au fait que vous avez été créé intentionnellement avec le destin en vous. Votre vie est un modèle complexe créé par Dieu pour produire une tapisserie unique ! Vous pouvez commencer à voir par vous-même que Dieu prend plaisir en vous dans les Psaumes 19 et 104. Dans Genèse 1, après avoir créé l'homme et la femme, la Bible explique : " Dieu vit tout ce qu'il avait fait et voici, cela était très bon. "Prenez un peu de temps et réfléchissez à ce qui est bon en vous, pas à votre environnement, pas aux emplois que vous faites ou aux nombreux chapeaux que vous portez. Concentrez-vous sur vous, vos traits de personnalité, votre caractère, vos compétences et vos passions.

Notes

Chapitre 2

CHOSI VS. CREE

Vous vous souvenez, à l'école, quand deux capitaines devaient choisir des équipes et que vous espériez être choisi très tôt et non être le dernier à être sélectionné ? Je me souviens d'avoir retenu mon souffle et d'avoir crié de l'intérieur "Choisissez-moi, choisissez-moi ! Ça fait du bien d'être choisi, ça donne le sentiment d'être voulu et approuvé, être choisi, ç'est bien. Être sélectionné comme assistant de cours, comme capitaine de l'équipe de basket, comme chef de projet au travail et même comme mari ou femme de quelqu'un nous fait nous sentir acceptés. Le dictionnaire définit l'acceptation comme "l'action ou le processus d'être reçu comme adéquat ou convenable". Le contraire de l'acceptation est le rejet, qui signifie "rejeter comme inadéquat, inapproprié ou pas à son goût". Le rejet est également défini comme le fait de ne pas montrer à quelqu'un l'affection ou la préoccupation qu'il mérite. Je suis sûr que la plupart d'entre nous, sinon tous, peuvent dire qu'ils préféreraient de loin être acceptés plutôt que rejetés. Cependant, le problème de la dépendance à l'égard de l'acceptation des gens est qu'elle peut dépendre de tant de variables. Les goûts, les aversions et les humeurs des individus peuvent jouer un rôle important dans l'acceptation, même si ç'est aussi simple que de savoir s'ils se sont réveillés de bonne humeur ou non. Nous pouvons également être rejetés parce que les gens manquent d'assurance, sont jaloux, ont des préjugés et pour toute une série d'autres raisons.

Une compréhension plus approfondie

Je veux vous encourager en vous faisant savoir que vous avez été choisi, oui, mais vous avez été plus que choisi. Vous avez été CREES par Dieu, spécifiquement conçues, dans un but unique. C'est un plan que vous seul avez l'ADN pour le réaliser. Vous n'avez pas besoin d'être relégué à l'humeur ou à l'attitude d'un individu. Un jour, je remerciais encore une fois Dieu de m'avoir choisi, en disant : "Dieu, tu aurais pu choisir n'importe qui, merci de m'avoir choisi ! Sa réponse m'a ébranlé de tout mon être ; il a dit : "Je t'ai CREE pour cela ! L'ampoule s'est allumée !!! J'étais stupéfait ! Tu veux dire que j'ai été créé pour changer le monde, pour être un planificateur stratégique axé sur les solutions, pour créer de bonnes choses pour le monde ??!! A ce moment-là, j'ai été plus éclairée sur mon but ici sur terre qui était en grande partie lié à la passion, aux goûts et aux désirs qu'il avait placés en moi. Il nous a créés, toi et moi, dans un but précis, et cela ne dépend pas de l'acceptation ou non des autres. Ce fut un changement total de posture pour moi, et cela a changé la façon dont je me voyais, ma relation avec l'acceptation ou le manque d'acceptation et mes capacités à accomplir les GRANDES choses que le Seigneur m'avait appelée à faire. Cela m'a aussi enlevé la pression de terminer ma mission et l'a remise à celui qui m'a créé dans ce but. Vous voyez, si vous savez que Dieu vous a créé dans un but précis, la pression est sur Lui pour vous donner la sagesse, les outils, l'expertise, la créativité et les dispositions nécessaires pour accomplir la tâche. Il est important que nous comprenions que Dieu ne travaille pas à la dernière minute. Il ne planifie pas au hasard, ni n'est négligent ou spontané. Son plan a toujours été de créer l'homme, l'univers tout entier et de nous racheter d'une manière aussi miraculeuse. Sachez que vous n'étiez pas une pensée de dernière minute ; Il n'a pas dit "oh oui, créons l'homme demain matin". Il a créé un plan détaillé, Ephésiens 1 :4 Semeur dit, " En lui, bien avant de poser les fondations du monde, il nous avait choisis pour que nous soyons saints et sans reproche devant lui".

Avant même de créer le monde, il a choisi de nous mettre à part pour lui avec un but en vue. Mon amie proche et mentor prophétique, Yvonne Camper, auteur de Healing the Wounds : Prophehetic Leadership Transformed *(Guérir les Blessures : Leadership Prophétique Transformé)*, m'a dit un jour : "Tout est prêt !" Ces paroles du Seigneur ont résonné si profondément dans mon cœur parce que le Seigneur m'avait parlé de ce qu'il avait déjà préparé pour moi avant même que je ne sois conçu. La Bible explique : "Car nous sommes son ouvrage, ayant été créés en Jésus-Christ pour de bonnes œuvres, que Dieu a préparées d'avance, afin que nous les pratiquions". Ephésiens 2 :10, LS. La Version Semeur donne encore plus de détails : "Ce que nous sommes, nous le devons à Dieu ; car par notre union avec le Christ Jésus, Dieu nous a créés pour une vie riche d'œuvres bonnes qu'il a préparées à l'avance afin que nous les accomplissions". Ephésiens 2 :10.

Prenons le temps de déballer ce verset. L'ouvrage est défini par Merriam -Webster comme "l'art ou l'habileté d'un ouvrier et la qualité conférée à une chose (dans ce cas une personne) en cours de fabrication" [2]. Essentiellement, il a pris son temps et nous a conçus de manière si spécifique, en utilisant ses infinies compétences créatives. Il ne s'est pas arrêté là. Il nous a communiqué sa nature, sa ressemblance, et en approfondissant, nous constatons que le mot ouvrage vient du grec poiema ou poème [3]. Quelle belle expression de ce que nous représentons pour Dieu ! Alors que nous posons les fondations, il est vital que vous compreniez parfaitement qui vous êtes et ce que vous représentez pour le Créateur. Il vous appelle "Son poème, Son chef-d'œuvre, Son œuvre d'art". Une fois que vous connaissez, comprenez et CROYEZ en cette vérité fondamentale, elle changera votre mentalité et la façon dont vous pensez sur qui vous êtes. Le verset poursuit en disant qu'il nous a créés à nouveau en Jésus-Christ, nous pourrions nous arrêter là et passer plusieurs jours à expliquer les avantages d'être EN CHRIST. En Christ, nous avons été rendus tout neufs par le sacrifice qu'il a fait sur la croix. Une fois que nous avons une compréhension claire de qui nous sommes EN Christ, nous pouvons avancer dans la victoire de la croix. Il nous a créés pour de bonnes œuvres à l'avance, préparant le chemin afin que nous puissions accomplir ces œuvres sur la terre. Il y a des choses spécifiques sur terre que vous seul pouvez faire, simplement parce que vous avez été prédestinés à les accomplir.

Changez votre pensée !

Vous êtes accepté par Celui qui vous a créé ! Il savait toutes les erreurs que vous feriez et toutes les insécurités que vous auriez et il vous a quand même aimé et vous a créé pour dominer sur cette terre. De plus, il sait mieux que quiconque quels sont les dons qu'il a placés en vous et dont le monde en a besoin. Ne laissez pas le rejet des gens vous tenir caché du monde. Il est temps de briller ; nous avons besoin de ce que vous avez. Il y a une histoire à propos d'un maître qui allait en voyage et a confié une partie de ses biens à ses serviteurs. Il s'attendait à ce qu'ils utilisent leurs talents qu'il a donné pour produire un impact. Chacun des serviteurs a fait quelque chose d'unique avec ce qu'on lui avait donné. Lisez Matthieu 25 :14-30 LS pour découvrir ce que chaque serviteur a fait et prenez le temps de réfléchir à ce que vous avez fait avec les talents qui vous ont été donnés.

Notes

Chapitre 3

LA VÉRITÉ SUR MON IDENTITE

J'aurais dû savoir que tout ceci était un coup monté. Je n'avais aucune idée que ma vie serait pleine de choix de destin qui me mèneraient à un voyage planifié à l'avance hors du monde ordinaire vers le pays de l'extraordinaire. Il aurait été trop facile de naître et de mener une vie simple. Je n'avais aucune idée que ma vie était destinée à la grandeur. Être le seul enfant m'a longtemps déconcerté. Vous voyez, ma mère a fait plusieurs fausses couches et j'étais le seul enfant qui a survécu. Pour intensifier les choses, elle a failli me perdre pendant sa grossesse. Ç'était difficile de grandir en tant qu'enfant unique parce que j'avais envie d'avoir des frères et sœurs. Ne vous méprenez pas, être enfant unique avait ses avantages, cependant, je me suis toujours demandé "pourquoi j'ai survécu ? Le simple fait que je l'aie fait aurait dû me donner un indice que ma vie était extraordinaire. À cette époque, je ne comprenais pas que Dieu avait un plan pour ma vie, que j'étais spéciale, unique, prospère et bien plus encore ! Cependant, à de nombreuses reprises tout au long de ma vie, j'ai eu l'impression de ne faire que survivre, d'avoir à peine réussi. La vie a une façon de vous faire croire que vous êtes quelque chose que vous n'êtes pas, elle vous fait vous sentir inférieure alors que vous êtes plus que vainqueur. La grande majorité d'entre nous a tendance à penser que nous n'avons pas de valeur. À travers un chemin sinueux, plein de mésaventures et de déceptions, nous finissons parfois par nous tromper de chemin, ç'est ce que j'ai fait. La vérité est que notre véritable destin est souvent à portée de main.

Un produit du divorce, rejeté, abandonné par mon père, molesté et blâmé pour cela, la liste pourrait s'allonger encore et encore, vous pouvez l'imaginer. Le rejet semblait être un thème récurrent qui a marqué ma vie d'adulte. Le vieux dicton "si j'avais su à l'époque, ce que je sais maintenant, les choses auraient été différentes" m'a hanté pendant plusieurs années, heureusement il n'est jamais trop tard. Je prie pour que tout au long de notre voyage ensemble, vous lisiez quelque chose qui allumera la lumière de votre cœur, vous permettant de réaliser votre vraie valeur. Elle est bien au-dessus des rubis, et même au-dessus de la plus précieuse des pierres. Les choses auxquelles nous accordons le plus de valeur ici sur terre ne peuvent pas être comparées à votre valeur pour Dieu et à votre valeur ici sur terre.

Aucun d'entre nous n'a demandé à être ici sur cette terre ; nous n'avons pas eu le choix de nos parents, même les circonstances dans lesquelles nous sommes nés n'ont pas été décidées par nous et pourtant nous sommes ici. Nous avons grandi en entendant la voix de nos parents ; nous avons été poussés dans des salles de classe avec des étrangers, encouragés ou découragés par nos professeurs, jugés par nos pairs, et gouvernés par nos patrons et collègues. Tout cela étant dit, nous avons deux choix : nous pouvons continuer à croire les nombreuses voix qui ont parlé dans nos vies, y compris nos propres paroles négatives, ou nous pouvons chercher la vérité. Qu'est-ce que la vérité ? La vérité est que nous avons été créés pour être grands, pour faire de grandes choses ici sur terre et pour avoir un impact éternel ! Chacun de nous est prédestiné à la grandeur. Je sais que vous êtes probablement en train de dire : "Ouais, ç'est ça !" Le problème est que, souvent, nous ne savons pas pour quoi nous avons été créés et notre ignorance de cette vérité simple mais puissante, nous réconforte dans la vie telle qu'elle est, en acceptant les situations et les circonstances comme si elles étaient censées se produire. La vérité est qu'avant votre naissance, Dieu connaissait votre destin.

Un leader prédit

Ecoutons une conversation que Dieu a eue avec un Monsieur nommé Jérémie alors qu'il confirmait qui Jérémie était créé pour être. " La parole de l'Eternel me fut adressée, en ces mots : Avant que je t'eusse formé dans le ventre de ta mère, je te connaissais, et avant que tu fusses sorti de son sein, je t'avais consacré, je t'avais établi Prophète des nations. Je répondis : Ah ! Seigneur Eternel ! voici, je ne sais point parler, car je suis un enfant. Et l'Eternel me dit : Ne dis pas : Je suis un enfant. Car tu iras vers tous ceux auprès de qui je t'enverrai, et tu diras tout ce que je t'ordonnerai. 8 Ne les crains point, car je suis avec toi pour te délivrer, dit l'Eternel. 9 Puis l'Eternel étendit sa main, et toucha ma bouche ; et l'Eternel me dit : Voici, je mets mes paroles dans ta bouche." Jérémie 1 :4-9 LS

Les versets que nous venons de lire expliquent qu'il y avait quelque chose en mouvement avant même que Jérémie ne soit dans le ventre de sa mère. Dieu nous a créés avec un plan et un destin impressionnants en tête, il a mis Jérémie à part et il a donné un décret céleste selon lequel il devait être un prophète. Dieu a même fixé la région dans laquelle Jérémie présiderait les nations. Il n'a rien laissé au hasard, aux circonstances ou au destin. Il a même encouragé Jérémie lorsqu'il a commencé à parler de lui-même de façon négative ! Jérémie voulait donner des excuses pour expliquer pourquoi il ne pouvait pas accomplir son destin. Il a même été prévenu par Dieu que les gens ne l'aimeraient pas toujours, l'encourageant à ne pas avoir peur de la façon dont les gens le regarderaient. Je suis sûr que vous connaissez l'expression "si les regards pouvaient tuer". Parfois, même la façon dont les autres nous regardent peut être assez dérangeante. Heureusement, Dieu a couvert tout ce que nous pourrions rencontrer et nous a donné de nombreux exemples dans la Bible, tout comme Jérémie. Enfin, Dieu lui-même a touché la bouche de Jérémie en lui donnant des paroles à dire avant même qu'il n'arrive à l'endroit où ses paroles seraient nécessaires. Voilà qu'il est étonnant ! Une fois que Jérémie a eu une compréhension complète de ce qu'il était venu faire sur cette terre, il n'a plus jamais été le même. Un changement de paradigme s'est opéré dans son esprit et dans son cœur, et il a commencé à se diriger vers ce pour quoi il était appelé à faire.

"Je décrète que vous entrerez dans le but pour lequel Dieu vous a créé, vous ne laisserez plus le destin décider ou les circonstances dicter votre vie, mais vous commencerez à rechercher ce pour quoi vous avez été placé sur cette terre. Au nom de Jésus !"

Une pensée royale

Imaginez que vous êtes né dans une famille royale ; comment vous comporteriez-vous ? Vous promèneriez-vous dans le palais comme un paysan ou un mendiant ? Mangeriez-vous dans les poubelles ou vous habilleriez-vous en chiffons ?

Bien sûr que non ! Votre pensée serait celle de quelqu'un qui a de l'autorité ; vous seriez confiant, connaissant vos droits et comprenant le Royaume auquel vous appartenez. Vous vous mettriez à votre place sans aucune excuse, sachant que vous serez bientôt roi ou reine. Les familles royales prennent un grand soin de former le prochain héritier du trône. La préparation à votre accession au trône est inhérente à cette fonction. Le processus vous permettrait de porter le poids du royaume sur vos épaules. Vous apprendriez ce que l'on attend de vous de la famille royale, des dirigeants du pays et de vos électeurs. Vous étudierez les lois et les ordonnances afin d'être efficace et performant dans votre fonction. Vous vous entourerez de conseillers sages. Enfin, vous seriez prêt à vous lancer dans la fonction dans laquelle vous vous êtes entraîné toute votre vie. Vous n'êtes peut-être pas sur cette terre en tant que roi ou reine comme à l'époque victorienne, mais vous avez certainement été placé sur cette terre pour régner, gouverner, créer et diriger. Imaginez maintenant cela dans le contexte de votre vie. C'est la confiance que Dieu a voulu que nous ayons en Lui.

Une réalité de votre existence

Je pensais que je ne pourrais jamais parler devant un grand groupe de personnes, évidemment, je n'avais aucune idée que j'allais voyager dans le monde et avoir l'opportunité de parler à l'international ou de me marier dans un pays étranger. Dieu a tant de choses en réserve pour vous si vous lui permettez de vous mener à votre but. Lorsque nous alignons notre vie sur le plan de Celui qui nous a créés, la raison de notre existence commence à apparaître. La vérité est qu'il connaît les pensées et les plans qu'il pense à votre égard ; il prévoit de vous faire prospérer et non de vous nuire pour vous donner un avenir et de l'espérance. (Jérémie 29 :11 LS) L'écoute de la vérité suscite l'espoir de l'intérieur, avec la compréhension que les plans de Dieu pour vous sont bons. Il y a un voyage que Dieu veut vous faire entreprendre et qui mène à une vie d'accomplissement, de croissance, de joie, de défis, d'abandon et d'impact. Cela m'a pris un certain temps, mais j'ai fini par dire oui à ce voyage et je n'ai jamais regardé en arrière.

J'ai grandi dans l'église et j'ai décidé que lorsque je serais assez âgé, je ferais ma propre affaire. J'en avais assez de la "religion", je suis très reconnaissante d'avoir fait l'expérience de la différence entre religion et relation, mais Dieu avait toujours un plan génial pour moi dont je n'aurais jamais pu rêver. En cours de route, on m'a rappelé que je ne n'appartiens pas. Laissez-moi vous expliquer. Un jour, alors que je rentrais du travail à Los Angeles avec des amis et une voiture à environ 30 mètres devant nous, j'ai heurté la cloison centrale. Mon ami a freiné au bon moment. Puis, alors que la voiture rebondissait sur le séparateur et commençait à revenir vers nous grâce à une autre intervention miraculeuse, mon ami a pu mettre les gaz et l'accélération nous a fait sortir du chemin juste à temps pour éviter une collision. Ce fut une expérience d'humilité, mais ce n'est pas la dernière fois que je frôle la mort. Au milieu de ce que j'appellerais un barbecue transformé en fusillade, oui fusillade, ma vie est passée devant mes yeux. Bien sûr, j'étais dans un endroit où je n'aurais pas dû être avec les mauvaises personnes. Je me suis retrouvée à fuir les coups de feu. En me retournant pour courir, j'ai senti une brise chaude à mon oreille droite, puis à ma gauche. Oui, deux balles avaient effleuré mes oreilles, puis elles ont frappé les feuilles des arbres devant moi. Je crois que j'ai entendu cela si distinctement pour qu'il n'y ait pas d'erreur dans mon esprit que ma vie a été sauvée. Je suis tout à fait convaincu que des anges ont guidé notre voiture sur l'autoroute et ont éloigné les balles de ma tête ce jour-là. Le fait de réaliser qu'à tout moment, je pouvais mourir m'a fait réfléchir profondément. Je me suis posé de nombreuses questions : qu'ai-je fait de ma vie ? Qui sait que j'existe ? Est-ce la seule empreinte que je laisserai sur cette terre ? Les événements suivants ont suivi, et lorsque tout a été dit et fait, je me suis finalement abandonné au plan et au dessein de Dieu pour ma vie.

Changez votre pensée !

Prenez la décision dès aujourd'hui de ne plus vous poser de questions tout au long de votre vie. Vous voyez, faire les bons choix vous mène à votre but. Demandez à Dieu de vous montrer ce qu'il a prévu pour vous depuis le début des temps et recherchez sa sagesse pour mener à bien votre destin. Vous n'êtes pas un paysan, vous êtes de la ROYAUTÉ ! Commencez à découvrir la vérité sur ce que Dieu dit de ceux qui sont EN Christ. Consultez ces versets : Romains 6 :6, 1 Pierre 2 :9 et Ephésiens chapitre 1, ce sont de grands points de départ.

Notes

Chapitre 4

CO-CRÉER AVEC DIEU

Qu'est-ce que ça signifie co-créer avec Dieu ? Il a été le premier "créatif" et est le Créateur ultime, ayant créé cette terre, chaque créature vivante, l'atmosphère, les planètes, les terrains les arbres, l'air, l'océan et tout ce qu'il contient... il n'y a rien qui existe sans Dieu le Créateur. Il a fait naître tout cela par sa nature créatrice. Avez-vous déjà pris un moment pour réfléchir à ce qu'il n'a pas créé ? Rick Jaynor, dans son livre "Called to Create" (Appelé à Créer) dit : "Après avoir travaillé six jours, Dieu a laissé la terre largement non développée et non cultivée. Il a créé un canevas et nous a ensuite invités à nous joindre à lui pour le remplir" [4]. Ç'est incroyable ! Vous dites probablement : "Je ne suis pas du tout créatif." Eh bien, je ne suis pas d'accord. Chacun de nous est créatif à sa manière. Après tout ce que Dieu a créé, il y a tellement plus qu'il a laissé à notre imagination. Il n'y avait pas de voitures, pas d'ordinateurs et certainement pas de Google. Ç'est grâce à cette invitation que nous pouvons utiliser nos dons et nos talents pour remplir cette terre d'inventions étonnantes, de solutions aux problèmes mondiaux et de tonalités colorées qui nous font sourire.

Un aperçu de la vie des premiers créatifs

Creuser en profondeur pour faire remonter ce qui peut sembler impossible

Comme nous l'avons déjà dit, Dieu avait certainement un but précis en tête pour chacun d'entre nous. L'histoire de Noé me vient à l'esprit. Dieu a donné à Noé des instructions spécifiques pour construire ce qu'il a appelé une arche. Personne ne savait ce qu'était une arche, sans parler du fait que les gens n'avaient jamais vu la pluie. Noé était assez courageux pour honorer et obéir à la demande de Dieu. Il a co-créé avec Dieu et a développé quelque chose qui n'avait jamais été fait auparavant. Tant d'autres ont osé explorer leur nature créative pour poursuivre une passion profonde, doublée d'un don inné pour créer quelque chose d'étonnant au profit des autres. Nous pouvons également nous poser la question suivante : "Qu'aurions-nous fait sans la poursuite incessante de l'ampoule électrique par Lewis Lattimer & Thomas Edison et l'invention de la roue et la conception du réfrigérateur par Oliver Evans. "Prenez un moment pour réfléchir à tout cela. Avez-vous déjà pensé que Dieu aurait pu vous concevoir exprès pour un but qui n'a pas encore été vu ou fait sur la terre ! Diriez-vous oui, et répondriez-vous comme Noé ? Ç'est quelque chose à considérer avec attention, Dieu a conçu chacun de nous dans un but unique qui changera le cours de notre vie et de celle des autres, remodèlera les nations, délivrera les gens de croyances limitatives, sauvera des vies, créera des opportunités et bien d'autres choses encore qui sont pratiquement inimaginables !

Prenez un instant pour revenir à un moment de votre vie où vous avez rêvé ou imaginé ce que vous vouliez être dans la vie, un moment avant que la bataille ne vous saisisse, avant le traumatisme et avant que votre innocence ne soit perdue. Qu'est-ce que c'était ? Ce rêve ou ce désir que vous aviez ? Creusez profondément pour découvrir ce qui vous semblait impossible, ce dont les autres se sont moqués ou ce qui a été enterré par la peur. Votre rêve est toujours là, attendant d'être réalisé. Quelque chose vous est venu à cœur ? Avez-vous eu un aperçu de quelque chose qui était vivant en vous et qui n'est plus excitant ? Prenez un peu de temps et laissez ces pensées, ces rêves et ces désirs revenir naturellement. Vous aurez peut-être besoin de prendre des notes supplémentaires sur ce que vous ressentez en vous souvenant de rêves et d'aspirations qui sont restés en sommeil. Demandez-vous ce qui s'est passé. Comment le rêve a-t-il pu s'échapper ? Le désir est-il toujours celui que vous aimeriez réaliser ? Pourquoi ou pourquoi pas ? La vérité est que nous avons tous eu des rêves et des projets qui ont été bridés par la vie ; cependant, comme nous avons été créés dans un but précis, nous pouvons toujours reprendre là où nous nous sommes arrêtés.

L'expression naturelle de l'intention de Dieu

En poursuivant notre voyage, nous pouvons apercevoir les intentions de Dieu en regardant la nature. Chaque animal, insecte et plante a un but. Les abeilles ramassent le pollen et le déplacent d'un endroit à l'autre. Les pollinisateurs transfèrent le pollen et les graines d'une fleur à l'autre, fertilisant ainsi les plantes pour qu'elles puissent pousser et produire de la nourriture. La pollinisation croisée permet à au moins 30 % des cultures mondiales et 90 % de nos plantes sauvages de prospérer [5]. Sans les abeilles pour répandre les graines, de nombreuses plantes, y compris les cultures vivrières, seraient mortes. Les feuilles et la sève des arbres peuvent être utilisées à des fins médicinales, la chaîne alimentaire dans l'océan à partir du récif corallien, le plancton et les baleines bleues ont chacun un but unique qu'il a spécifiquement conçu. Les systèmes écologique et solaire ont été conçus dans un alignement parfait pour que l'océan ne dépasse pas un certain point du rivage. Tout est en ordre complet pour que nous puissions profiter du jour et de la nuit, le tout conçu par le parfait Créateur !

S'il peut donner un but à des objets inanimés, comme le soleil, la lune et les insectes, combien plus à vous et moi. Notre but est bien plus grand ; Il nous a créés avec la capacité de faire de grandes choses sur terre. Regardez le Dr Daniel Hale Williams, qui a pratiqué la première opération à cœur ouvert et Steve Jobs, fondateur d'Apple, Inc. Pourquoi pas vous ? Pour quoi avez-vous été créé, de manière étrange et admirable ? Avez-vous déjà envisagé le fait que votre but est divinement lié aux autres ? Vous êtes peut-être le catalyseur qui permet aux autres de faire ce pour quoi ils ont été conçus sur cette terre. Il y a certaines personnes que vous avez été prédestinées à encourager, à vous associer, à obtenir et à donner de la sagesse. Sans parler des communautés que vous êtes créés pour développer, des câlins que vous êtes censés donner et des vies que vous avez été créés pour sauver. Lorsque vous commencez à suivre votre passion et votre but, cela déclenche une réaction en chaîne pour que d'autres personnes s'engagent dans la leur également. Prenez un moment pour réfléchir à cela.

Une vie sauvée dans un BUT PRECIS

A l'université, j'ai dû suivre un cours d'art oratoire, j'étais terrifié. Juste une mise en garde, souvent la chose dont vous avez peur est ce pour quoi vous êtes créé, mais nous en parlerons plus tard. Donc, je suis dans cette classe tremblant de façon incontrôlable chaque fois que je m'approche du podium pour faire un discours ! Au début du cours, on nous a assigné un partenaire avec lequel nous devrions travailler tout le semestre. Mon partenaire était un jeune homme sans prétention, avec une cicatrice qui allait du bas de la lèvre jusqu'en dessous du menton. Lui aussi était nerveux. Nous avons travaillé ensemble pendant quelques mois, puis il a dit un jour : "Vous vous demandez peut-être pourquoi j'ai cette cicatrice". Il a poursuivi en disant qu'il avait tenté de se suicider, mais alors qu'il appuyait sur la gâchette, le fusil a glissé et lui a laissé la cicatrice. Je lui ai dit qu'il était sur terre pour une raison. Dieu ne lui a pas permis de mourir ! J'ai continué par prier pour lui et à l'encourager tout au long du semestre... nous sommes toujours amis, plus de dix ans après. Je crois qu'une partie de mon cheminement de vie a consisté à le rencontrer et à l'encourager. Cela m'a montré, de manière très concrète, qu'il y a tant de gens qui souffrent dans ce monde par manque d'identité et sans but. Nos vies sont constituées de milliards de petits pas qui nous mènent à notre destin. Chaque jour, nous avons la possibilité de marcher vers un but ; chaque jour, nous avons la chance d'avoir un impact. Certaines choses arrivent rapidement, d'autres exigent une concentration intentionnelle et un travail acharné pour être accomplies. Récemment, quelqu'un m'a dit qu'il croyait qu'il serait guidé vers son but, sans le chercher intentionnellement. Je ne suis pas d'accord. Soyons intentionnels dans la marche vers notre destin.

Le plus souvent, les gens croient au destin et aux coïncidences qui ne les mènent pas forcément à ce pour quoi ils ont été créés. On dit que "l'endroit le plus riche de la terre est le cimetière", en raison de tous les destins non accomplis qui s'y trouvent. Voyons les choses sous cet angle. Un papillon vole d'une plante à l'autre, sans rythme ni direction précise de son vol. Le papillon semble se poser sur une plante, faisant des tours et des détours qui sont non productifs en cours de route. Contrairement au papillon, l'aigle est précis dans son plan de vol ; tout ce qu'il fait a un résultat spécifique. L'aigle a une vue très précise et il est capable de voir sa cible, qu'il s'agisse d'une destination ou d'une proie, très éloignée. Il ne sert à rien d'errer dans la vie en essayant de trouver ce que devrait être votre destin. Vous avez la possibilité d'aller directement vers celui qui vous a créé pour découvrir votre but.

Changez votre pensée !

Il s'agit d'un tournant important dans votre vie. Prenez le temps de réfléchir à vos rêves, idées, objectifs professionnels et décisions de vie passés. Qu'est-ce qui vous passionne le plus ? Quelle cause ou injustice voulez-vous défendre ? Flottez-vous comme un papillon ou bougez-vous comme un aigle avec un sens aigu de la concentration ? Ce qui se passera à partir de ce moment dépendra de votre intention de rechercher Celui qui vous a créé pour votre destin.

Notes

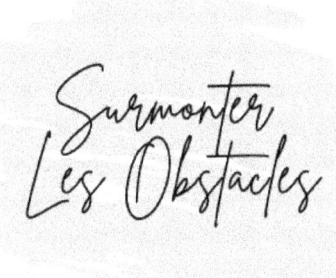

Partie 2

Depuis le commencement, Dieu a un plan pour nos vies. En posant les fondements de la vérité, nous avons compris que, dès le début, nous avons été conçus dans un but étonnant. Pour la plupart d'entre nous, il semble y avoir un énorme fossé entre la conception et la réalisation de ce que Dieu a voulu que nous soyons. Si nous sommes honnêtes, nous pouvons identifier certains des obstacles qui se dressent sur notre chemin, nous empêchant d'être tout ce pour quoi nous avons été créés. Dans cette section, nous avons l'intention de remettre en question nos perspectives actuelles, de découvrir les croyances limitantes afin de nous recentrer et de nous réaligner sur ce que nous avons été conçus pour être depuis le commencement.

Chapitre 5

PLUS UN ORPHELIN

Aujourd'hui n'était peut-être pas le meilleur moment pour écrire sur toute cette question des pères. Cependant, j'ai déterminé que c'est un excellent moment pour capturer toutes mes émotions sous la forme la plus brute possible. Quand vous pensez que la poussière s'est installée sur un sujet, il y a un tourbillon qui attend de soulever la prochaine tempête dans votre vie. Avez-vous déjà pensé que vous aviez dépassé quelque chose, et que soudain tout explose sous vos yeux ? Dans ce cas, c'est moi qui ai fait exploser la tempête. Mon histoire, malheureusement, est celle de mon père, rarement attentif et désintéressé, qui a rempli ma vie d'excuses inutiles pour ne pas s'engager dans ma vie ou celle de ses petits-enfants. Si vous avez ressenti ce type de rejet de la part de l'un ou l'autre de vos parents, vous pouvez comprendre la douleur apparemment sans fin qu'il peut causer. J'ai passé tellement de temps à lutter contre des sentiments d'abandon, de rejet et de mensonges sur le fait de ne pas être assez bonne.

Si votre histoire ressemble à la mienne et que vous avez eu une relation inexistante avec votre père, j'espère que vous trouverez certaines choses utiles au cours de notre voyage. Par où dois-je commencer ? Mon père est entré et sorti de ma vie de façon sporadique, toute ma vie. Tout ce scénario m'a fait mal pendant la majeure partie de ma vie ! Mon père est parti quand j'avais environ six ans. Peut-être même plus jeune ; tout est flou. Mais ce dont je me souviens le plus, ç'est que chaque soir, lorsque ma mère et moi nous nous rendions à notre immeuble, je me penchais sur mon siège pour voir en hauteur jusqu'à notre appartement, qui se trouvait au quatrième étage ; je cherchais à ce que la lumière soit allumée, mais elle ne l'a jamais été. Je disais à ma mère : "Je pense qu'il va être là" ; elle disait : "Je ne pense pas". Tant de questions m'ont submergé l'esprit. Au fil des ans, ces questions lancinantes ont augmenté, tout comme le désir profond de mon cœur qu'il fasse partie de ma vie.

Finalement, il s'est remarié, et j'ai été, eh bien, une pensée après coup, du moins c'est ce que j'ai ressenti. Il ne fait aucun doute dans mon esprit que l'agonie et le traumatisme que j'ai subis à cause de l'absence et même de la froideur de mon père ont affecté ma vie. J'ai été mariée, divorcée et maintenant remariée. J'ai choisi les mauvais compagnons et j'ai manqué de nombreuses conversations père-fille qui auraient pu m'aider dans mes choix de vie. En allant au fond des choses, j'ai découvert le caractère brisé d'une petite fille qui a été abandonnée et rejetée à maintes reprises au fil des ans par son père.

Présentation de mon père

Comme je l'ai dit précédemment, je ne prétends pas avoir toutes les réponses, mais je peux certainement partager ce qui m'a aidé à naviguer à travers ces questions difficiles. Le plus souvent, lorsque vous avez été confronté à un rejet, les mensonges chuchotés du type "Vous ne suffisez pas" ou "Ç'est de votre faute s'ils sont partis" ont tendance à vous inonder l'esprit et ils peuvent vous dépasser si vous leur permettez. J'ai découvert qu'une grande partie de la paix vient de la connaissance de qui vous êtes et à qui vous appartenez. Permettez-moi de vous expliquer. Comme nous l'avons déjà dit dans *"La vérité sur Dieu"*, un plan a été mis en place avant le commencement, et ce plan inclura plus tard notre rédemption par Jésus-Christ. Il est incroyable de voir comment Dieu savait déjà que nous allions souffrir profondément, que nous allions parfois perdre notre estime de nous-mêmes et même commettre des erreurs dans la vie, alors il a conçu un plan qui couvrirait nos erreurs et nous ramènerait à Lui. Le péché entraîne la séparation d'avec Dieu, notre Créateur. Lorsque Dieu a envoyé son fils dans le monde pour nous racheter, il y a eu un échange qui a eu lieu. Par sa mort sur la croix, il nous a ramenés à lui, et en échange, il a pris nos péchés et a ouvert la porte à une belle relation avec lui. Ç'est dans cette relation que nous commençons à comprendre Dieu le Père. Vous avez un Père céleste qui vous aime depuis le début des temps. Ç'est cette vérité qui m'a énormément aidé au fil des ans et même maintenant. Savoir que j'ai un

J'avais une mentalité d'orpheline

Père céleste qui m'aime sans condition, à travers mes échecs, mes peurs et mes insécurités. Cette compréhension a fait disparaître ma mentalité d'orphelin et j'ai appris à savoir que je ne suis pas rejeté, que je ne suis pas abandonné mais que je suis bien aimé et désiré par mon Père céleste.

Malheureusement, vous avez peut-être dû faire l'expérience d'être orphelin. De nombreuses circonstances stressantes entourent les orphelins, telles que l'abandon, la solitude, la peur d'être rejeté. Souvent, les orphelins n'ont aucun parent vivant ou sont laissés avec un parent survivant. Il y a aussi ceux qui ont eu les deux parents dans leur vie physiquement, mais pour une raison quelconque, ils n'ont pas été de bons parents. Ç'est souvent le cas lorsqu'il y a des antécédents d'alcool ou de drogues. Les dépendances aux drogues et à l'alcool, ainsi que les abus qui jouent un rôle important dans les traumatismes de l'enfance. Nombre de ces événements traumatisants se poursuivent de génération en génération, ce qui finit par normaliser les comportements anormaux aux yeux de leurs auteurs. Dans les familles où les parents absents existent, l'éducation, les soins, la protection et le soutien inconditionnel sont non seulement insuffisants mais aussi rares. Il peut en résulter des difficultés dans les relations sociales, un mauvais comportement et des déséquilibres émotionnels chez les individus qui grandissent. Les enfants qui grandissent dans ces environnements et d'autres similaires ont également tendance à avoir une mentalité d'orphelin. Ils se sentent souvent rejetés, abandonnés, mal aimés et non désirés, même si leurs parents sont encore en vie.

J'avais une mentalité d'orpheline. Le traumatisme d'être orphelin peut être paralysant, en particulier au niveau des émotions, de l'estime de soi et de la confiance. Bien que je n'étais pas une orpheline physiquement parce que mes deux parents étaient vivants, j'avais une mentalité d'orpheline, et il est important de comprendre que personne ne pouvait me voir de l'intérieur, personne ne pouvait m'aider si je ne m'ouvrais pas. Je ne m'ouvrirais pas à moins qu'il y ait quelqu'un en qui je puisse avoir confiance. Comprenez bien que la confiance ne peut être obtenue que si l'environnement est SÛR. Nombreux sont ceux qui n'ont pas eu dans leur vie un environnement sûr ou des personnes sûres, et malheureusement, l'aide dont ils ont besoin tend à passer inaperçue. Si vous subissez un traumatisme, trouvez un endroit sûr, une personne sûre avec qui vous pouvez parler. Il est crucial de pouvoir libérer ce qui est à l'intérieur de vous à quelqu'un qui vous aidera, qui priera pour vous et qui vous écoutera souvent sans vous juger. Si vous lisez ceci et que vous êtes une personne sûre, soyez bénis ! Si vous vous sentez passionné par l'aide aux autres, j'irais plus loin et suivrais la formation nécessaire pour que vous puissiez aider efficacement les personnes de votre entourage qui ont besoin de votre aide.

Le rôle d'un père

Lorsque nous examinons la définition d'un père, "un homme qui donne des soins et une protection à quelqu'un ou quelque chose", nous pouvons voir le rôle que le père joue dans la vie de ses enfants et de sa famille. Le père est également défini comme "la première personne de la Trinité ; Dieu le Père" (dictionaire.com) [6] Dans la Bible, le père avait une grande importance, il était considéré comme le patriarche du foyer, de la ville et même de la nation. Le père avait une grande autorité pour bénir les enfants. En d'autres termes, une partie du rôle du père consistait à prononcer sur leurs enfants des paroles qui définissaient leur identité, leur but dans la vie, les encourageaient et leur donnaient des détails sur leur héritage. Dans la société actuelle, l'importance de la bénédiction du père semble avoir diminué. Tous les parents ne prononcent pas sur leurs enfants des paroles positives et vivifiantes. Il est souvent difficile d'établir un lien avec Dieu le Père en raison des expériences que nous avons vécues avec nos pères naturels. L'auteur de The Shack *(lLe Refuge)*, William P. Young, dans le film de Netflix, The Heart of A Man (*Le Cœur d'un Homme*), a dit qu'il lui a fallu "50 ans pour effacer le visage de son père de la face de Dieu" [7]. Dieu le Père n'est en rien comparable à votre père naturel, il a toujours votre intérêt à cœur, il vous aime inconditionnellement, il ne vous abandonnera jamais et il ne s'imposera jamais dans votre vie.

Dans Genèse 27 :28-29 Version Martin, nous avons une image claire d'Isaac prononçant une bénédiction sur son fils Jacob. 28 Que Dieu te donne de la rosée du ciel Et de la graisse de la terre, Du blé et du vin en abondance ! 29 Que des peuples te soient soumis, Et que des nations se prosternent devant toi ! Sois le maître de tes frères, Et que les fils de ta mère se prosternent devant toi ! Maudit soit quiconque te maudira, Et béni soit quiconque te bénira."

Pour vous donner le scoop, Esaü, le frère aîné de Jacob, a été négligeant avec son droit d'aînesse (bénédiction) et l'a vendu à son frère pour un bol de roux. Isaac, leur père, était âgé et était devenu mal voyant, quand le moment est venu de prononcer la bénédiction. Jacob est entré en prétendant être Ésaü et a trompé son père. Ainsi, la bénédiction fut donnée à Jacob, et une fois la parole donnée, elle ne pouvait être révoquée. Maintenant, bien que la bénédiction reçue par Jacob aurait dû être pour le fils aîné d'Isaac, Ésaü, elle était toujours active dans la vie de Jacob. Vous pouvez donc voir à quel point elle était importante. Ésaü supplia son frère de lui rendre son droit d'aînesse, mais Jacob refusa.

Entrer en contact avec un bon père

Nous avons un Père céleste, qui a prononcé des bénédictions, un destin et des paroles d'encouragement sur notre vie. Dieu le Père est un bon père qui a fait des promesses qu'il tiendra. Il est un protecteur, le créateur de notre destin, de la paix et de la force. Notre Père nous a tellement aimés qu'il a donné son fils unique Jésus, pour qu'il prenne le châtiment de nos péchés (Jean 3 :16 LS), ce qui nous a rapprochés du Père

(Éphésiens 2 :12-13 LS). Si vous avez accepté Jésus dans votre cœur, vous avez été greffé comme un fils ou une fille de Dieu, capable de recevoir toutes les bénédictions de Dieu le Père et de ne plus vivre comme un orphelin. En tant qu'enfant de Dieu, nous sommes libres, libérés de la peur et de l'esclavage. Un bon père naturel protégera ses enfants, subviendra aux besoins de sa famille, réconfortera dans les moments de détresse et apportera la paix au milieu du chaos. Romains 8 :15 Martin, explique : "Car vous n'avez point reçu un esprit de servitude, pour être encore dans la crainte ; mais vous avez reçu l'Esprit d'adoption, par lequel nous crions Abba, c'est-à-dire, Père". "Abba, Père" est un terme d'affection, tout comme si vous appeliez votre père naturel par un surnom affectueux. Je vous encourage à commencer à faire confiance à Dieu le Père en passant du temps avec Lui dans la prière, la lecture des Écritures, les expériences de vie et les rencontres.

J'ai commencé mon voyage avec le Père en ne lisant la Bible que 15 minutes par jour, et j'ai été très précis, même en utilisant mon chronomètre. Devinez quoi ? Quinze minutes par jour suffisaient juste à me mettre en appétit. Vous savez ce que ç'est quand on lit un bon livre ! Vous avez peut-être l'intention de ne lire que 45 minutes, mais la prochaine fois que vous savez, ces 45 minutes se sont transformées en deux heures et vous ne pouvez pas poser le livre. Je suis devenu si captivé par les histoires de la Bible. Elle ne manque certainement pas de drame, de suspense et d'histoires de trahison et d'amour. Croyez-moi, tout est là-dedans !

Les rencontres sont des interventions inexpliquées

La rencontre

Quand mon fils aîné est né, son père a voulu lui donner le nom de Vincent. Bien que j'avais un nom totalement différent à l'esprit, j'ai accepté ce nom sans comprendre les profondeurs du plan de Dieu. Lorsqu'il a eu environ cinq ans, j'ai commencé à entendre une petite voix me chuchoter qu'il ne vivrait pas jusqu'à dix ans. Je sais maintenant que c'était la voix de "l'ennemi". À l'époque, je n'avais pas la compréhension de qui j'étais en Christ et l'"ennemi" a utilisé cela à son avantage pour me tourmenter de peur. À l'âge de neuf ans, l'anxiété a pris racine. Je priais pour lui chaque fois qu'il sortait. J'avais cru, j'avais accepté et je m'étais aligné sur les mensonges de l'ennemi. Pendant ce temps, j'ai assisté à une conférence chrétienne et, sur le vol de retour, j'étais assise à côté d'une femme dont le fils était décédé à l'âge de 14 ans. J'ai entendu Dieu le père me dire de partager le tourment intérieur que j'avais à l'égard de mon fils. À ce moment-là, je n'en avais parlé à personne, pas même à mon mari. J'ai partagé mon histoire avec l'étrangère, et elle m'a encouragée à donner le problème à Dieu. Quoi ? Comment je fais cela ??? Ç'est mon fils, et je suis censée le donner à qui ? J'étais paralysée et dans le brouillard. J'ai vaguement entendu l'hôtesse de l'air me demander : "Ça va ?" Au milieu de tout ce qui se passait en interne, nous avons dû descendre de notre avion à cause de problèmes mécaniques. Je n'ai même pas pu lui répondre, comme je faisais les dernières démarches pour descendre de l'avion. Ce qui s'est passé ensuite m'a secoué jusqu'au plus profond de moi-même ! "Son nom signifie conquérant, Son nom signifie conquérant !!!" Je savais que c ç'était Dieu, et des larmes ont commencé à couler sur mes joues. Ç'est à ce moment précis que j'ai réalisé que mon Père céleste était intervenu et avait fait ce que je ne pouvais pas faire ! Il me rappelait que le nom de Vincent signifiait "Conquérant" ! Ceci m'a dit que tout ce qui lui arrive, par la grâce de Dieu, mon fils le vaincra ! Ce jour-là, il m'a délivré de l'esclavage de la peur que mon fils meure. Il savait que je n'avais pas la force de le lui dire ; je ne savais même pas comment. Dans son amour et sa sagesse, Il m'a aidé à traverser le processus et depuis ce jour, je n'ai plus jamais eu cette peur, et cela fait 20 ans ! Au fil des ans, Dieu le Père a continué à révéler de nouvelles profondeurs dans tout ce qu'il a fait ce jour-là. Ce sont des rencontres comme celle-ci qui révèlent et renforcent la profondeur de l'amour qu'il a pour nous. Lors de cette rencontre réelle, il m'a appris que la bénédiction que le Père naturel de Vincent avait prononcée sur lui à sa naissance en lui donnant son nom était toujours en vigueur et ne pouvait être révoquée ! Si vous n'avez pas encore compris, ç'est Dieu le Père qui a orchestré le choix du nom de Vincent. Il connaissait Vincent avant que je ne le connaisse. Il savait que sa vie serait sauvée et que nous apprendrions une autre couche de qui il est ! Les rencontres sont des interventions inexpliquées lorsque quelque chose de plus grand que vous est à l'œuvre pour vous donner du courage, de la force, de l'espoir et de la paix au cours de grandes épreuves. Lorsque des rencontres ont lieu, vous savez, il fallait que ce soit Dieu, car tout change ! Même si nous avions le meilleur père du monde, la grâce d'être un bon père ne vient que de Dieu le Père. Notre Père céleste opère à un niveau bien supérieur à celui de l'humanité. Votre père naturel est humain, mais pas Dieu ! Vous devez être capable de distinguer et de séparer les deux ! En d'autres termes, votre père naturel fera des erreurs, pourrait être égoïste ou même abusif, mais Dieu n'agit pas ou ne réagit pas comme le font certains pères naturels. Il est aimant, il pardonne et bien plus encore.

Changez votre pensée !

Dieu le Père a prononcé des bénédictions sur vous ! Il est temps de changer votre récit. Vous n'êtes plus orphelin, vous êtes le bien-aimé de Dieu. Il savait tout ce que vous alliez vivre, toutes les erreurs que vous alliez commettre, et il vous a quand même créé. Sortez de la mentalité d'orphelin et cherchez ce que votre VRAI Père dit de vous ! Commencez à prendre le temps de vous renseigner sur ce que la Bible dit sur le fait d'être un enfant du Roi si vous avez mis votre foi en Dieu ! Les premiers textes bibliques comprennent 2 Corinthiens 6 :18, Romains 8 :17, Galates 3 :26 et Galates 4 :7.

Notes

Chapitre 6

ECRASER LE REJET

J'ai une chemise jaune vif sur laquelle on peut lire "loved" *(aimé)*. Bien sûr, la chemise, lorsqu'elle a été achetée, était probablement mon cri silencieux qui me donnait envie de plus d'amour. Un jour, alors que je portais cette chemise, une dame qui passait devant moi s'est exclamée : "Ç'est ce que je veux, être aimée ! J'ai répondu : "Nous le voulons tous." Il ne fait aucun doute que les gens du monde entier ont besoin et veulent être aimés. Cependant, beaucoup ne se sentent pas comme s'ils l'étaient. Quelle que soit la quantité d'amour qu'ils reçoivent, cela ne suffit pas. Encore une fois, nous avons tous en nous le désir d'être aimés, acceptés et désirés. Bien que souvent, l'amour semble insaisissable. Je crois que ç'est le cas parce que nous avons parfois une vision floue de ce qu'est le véritable amour.

Il m'a fallu un certain temps pour comprendre pleinement ce qu'était le sentiment d'être vraiment aimé et devinez quoi ; ce n'était pas ce que je pensais. Les blessures du rejet et de l'abandon m'avaient poussé à développer un faux sentiment de ce qu'était le véritable amour. J'avais le sentiment que si certaines choses n'étaient pas faites, par ceux qui m'entouraient, dans mon esprit, cela signifiait que je n'étais pas du tout aimé. C'est ce que nous faisons lorsque nous n'avons pas fait l'expérience de ce qu'est le véritable amour, souvent nous créons notre réalité qui, le plus souvent, rend les attentes irréalistes. Maintenant, permettez-moi de m'arrêter ici pour dire que le respect, l'honneur, l'honnêteté, la loyauté, l'intégrité et la fidélité constituent le fondement des relations.

> *J'avais l'impression que personne d'autre ne savait comment me protéger du rejet*

Vous devez attendre et offrir ces piliers dans vos relations. Si vous ne les avez pas dans vos relations, votre fondation n'est pas sûre. Vous rencontrerez des gens pour qui ces piliers sont, à leurs yeux, négociables et ils chercheront à vous aimer malgré le fait qu'ils n'honorent pas ces piliers. Le véritable amour, je veux dire, le véritable amour inconditionnel ne peut venir que de Dieu. Il nous a créés et nous a aimés en dépit de ce que nous avons fait, de notre apparence et de ce que nous pouvons ou ne pouvons pas lui offrir. Personne sur terre ne peut nous aimer comme Lui et il est irréaliste d'attendre ce type d'amour de conte de fées de la part d'un autre humain. Dieu nous a créés pour être engagés dans des relations intimes (étroites) avec Lui et les uns avec les autres.

Un tel épanouissement vient de la connaissance de Dieu, de la compréhension de qui vous êtes et du développement de relations saines avec Lui et les autres. Malheureusement, les gens nous déçoivent parfois. Cela peut facilement nous amener à nous retirer. Avez-vous été tellement blessé par des gens que vous avez décidé de vous isoler et de construire des murs destinés à vous protéger en empêchant tout le monde d'entrer ? Je ne peux que trop bien comprendre cette profonde introversion. Ce qui m'avait semblé être une vie de déception, m'a jeté dans une prison dans laquelle personne ne pouvait entrer ! Parfois, on ne se rend même pas compte qu'on est enfermé. Toutes vos actions et vos réactions viennent d'un endroit où vous avez peur et où vous êtes blessé. J'ai compris ! Ç'était moi. J'avais l'impression que personne d'autre ne savait mieux que moi comment me protéger du rejet des gens. J'ai oublié pendant une saison que je n'étais pas moi-même. J'ai oublié que j'avais un Père céleste qui m'aimait au-delà de toute mesure et qui a envoyé son fils mourir pour moi afin que je puisse être libre. Me voici de retour dans une prison que je me suis infligée à moi-même, comme si j'étais encore une orpheline sans personne pour se battre pour moi, me protéger ou même s'occuper de moi. J'étais revenu à une mentalité d'orpheline.

Si quelqu'un m'avait donné ce livre ou m'avait même dit que je vivais en esclavage pendant cette période, je les aurais regardés comme s'ils étaient fous. Vous vous demandez peut-être ce qui s'est passé, comment j'ai fini par sortir de prison. Eh bien, j'ai pris un risque - le risque de la confiance. J'ai réalisé que pendant tout ce temps, je suis passé de la confiance en Dieu pour sa protection infinie à l'autoprotection et à la préservation. Mon chemin n'a fait que me pousser plus profondément dans le donjon de l'isolement et de l'obscurité où j'étais constamment tourmentée. Je me privais du privilège de savoir comment mon Père céleste allait me protéger, de savoir ce que Dieu avait mis en moi et de refuser aux autres d'être bénis par ce que Dieu m'avait créé pour donner !

La confiance n'est pas un mauvais mot

Le caoutchouc rencontre la route à notre capacité de CONFIANCE. La confiance est la croyance ferme en la fiabilité, la vérité, la capacité ou la force de quelqu'un ou de quelque chose d'autre que vous [7]. Prenons un exemple de base lorsque vous allez vous asseoir ; vous avez la ferme conviction de la fiabilité et de la force de la chaise pour vous soutenir. Nous mettons souvent TOUTE notre confiance en les personnes, en nous-mêmes ou en d'autres choses qui ont le potentiel d'être déçues. Il n'y a jamais de résultat garanti, c'est là que réside la difficulté de faire confiance. La confiance implique en fait que vous preniez un risque. Comme nous avons été créés pour les relations, dans la vie, nous devrons, à un moment ou à un autre, faire confiance aux autres. Je sais que cela peut être difficile à imaginer pour vous. Vous vous êtes peut-être déjà senti mal à l'aise à la seule idée de devoir faire confiance à quelqu'un. Je comprends tout à fait ! Il est impératif que vous sachiez, je ne dis pas que vous devez vous ouvrir à des personnes ou des circonstances potentiellement dangereuses. Il est préférable d'entrer en contact avec ceux qui ne vous attaquent pas verbalement ou physiquement, ne calomnient pas votre nom ou ne font pas de commérages sur vous. Nous ne sommes pas des paillassons sur lesquels les gens se promènent. Par conséquent, en toute circonstance, recherchez la sagesse de Dieu sur ce que vous partagez avec les autres et demandez-lui une stratégie pour traiter avec les personnes avec lesquelles vous devez être en contact étroit, comme les membres de votre famille ou les collègues qui sont potentiellement dangereux. Jacques a parlé de la recherche de la sagesse et nous encourage en disant : " Si l'un de vous manque de sagesse, qu'il la demande à Dieu qui la lui donnera, car il donne à tous généreusement et sans faire de reproche ". Jacques 1 :5 Semeur

L'instauration de la confiance ne se fait pas du jour au lendemain ; elle demande du temps et du dévouement, mais peut être très gratifiante. Alors comment naviguer dans ce monde avec des personnes moins que parfaites ayant un amour moins que parfait ? En toute honnêteté, j'ai découvert que mettre ma confiance en Dieu me donne la confiance, la paix ET le courage de m'engager dans des relations avec les autres. Faire confiance à Dieu nous donne d'abord la sagesse de savoir qui considérer comme des amis proches, une compréhension de nous-mêmes et de notre rôle dans les différentes relations. Dieu m'a donné la paix dans les relations qu'il m'a amenées à nouer et m'a appris à pardonner et à lui faire confiance pour me guérir des blessures du passé. Le fait d'avoir fait confiance à Dieu pour me guider et de savoir qu'il a mes intérêts à cœur a été très important pour écraser le rejet et ma réaction à celui-ci dans ma vie.

Notre confiance en Dieu est cruciale et nécessaire pour naviguer à travers les hauts et les bas de la vie. La confiance exige que vous mettiez votre foi en quelqu'un d'autre, et dans le cas de Dieu, vous ne le connaissez peut-être pas assez pour lui faire confiance. Il peut également être difficile de lui faire confiance parce que vous ne pouvez pas le voir. Soyez assuré qu'il est enthousiaste à l'idée de bâtir une relation avec vous. Pensez-y de cette façon, vous ne pouvez pas voir le vent, mais vous savez qu'il est là et qu'il peut avoir un grand impact. Ç'est la même chose avec Dieu. Il aura un impact important sur votre vie, pour le mieux, si vous Lui permettez. Je vous encourage à commencer votre voyage avec Dieu, à faire de petits pas par la prière et l'étude de la bible et à savoir qu'il est possible d'avoir une relation étroite avec Dieu. Là où les gens peuvent vous rejeter et sortir de votre vie, vous pouvez avoir l'assurance constante que Dieu ne vous quittera jamais ou ne vous abandonnera jamais. Deutéronome 31 :6 le dit si bien : " Prenez courage, tenez bon ! Ne craignez rien et ne vous laissez pas effrayer par eux, car l'Eternel votre Dieu marche lui-même avec vous, il ne vous délaissera pas et ne vous abandonnera pas ".

Le rejet et le destin de Jésus

Un autre élément essentiel qui est utile pour faire face au rejet est de connaître sa véritable valeur. Dans notre monde, nous évaluons l'importance d'un objet en fonction de sa valeur monétaire, du prix qui a été payé pour l'avoir. En utilisant cette même analogie, lorsque Jésus est mort sur la croix pour nous racheter, son sang était si précieux, puissant et concentré qu'une seule goutte aurait pu tous nous sauver. Lorsque vous connaissez la valeur du prix qui a été payé pour vous, vous avez une image plus claire de la valeur de votre vie. Votre vie n'a pas de prix ; une compréhension plus profonde de ce fait vous aidera à vous renforcer lorsque le rejet viendra. Le rejet viendra ! Le rejet peut prendre de nombreuses formes telles que la jalousie, l'insécurité des autres, le divorce, l'abandon, les abus et les malentendus. Jésus lui-même a été rejeté par les mêmes personnes qui l'ont loué. Le fait qu'il connaissait sa valeur et ce pour quoi il a été envoyé sur terre lui a permis de tenir bon face au rejet. Jésus a été rejeté à de nombreuses reprises, par sa famille (Jean 7:5 LS), par ceux qui l'entouraient (Matthieu 13:57 LS) et même par ceux qui se disaient de son côté (Jean 13:21 LS). Judas, l'un des douze disciples, a trahi Jésus pour trente pièces d'argent. La trahison a eu lieu peu après que Jésus ait lavé les pieds de Judas, ce qui était un symbole que Jésus était prêt à donner sa vie pour Judas. Nous voyons même que le temps de l'achèvement de sa mission sur terre était venu. Dieu le Père avait apparemment laissé Jésus seul (Matthieu 27 :46 LS). Il est resté seul parce que Jésus, dans le cadre de sa mission, devait assumer les péchés du monde, pour nous racheter de la peine de mort que le péché entraînait.

Allons voir le meilleur professeur, Jésus, et observons comment il a réagi face au rejet. Luc, raconte ce que Jésus a dit en réponse à ceux qui le crucifiaient. " Père, pardonne-leur, car ils ne savent pas ce qu'ils font." Luc 23 :34 SEMEUR

Ouf ! Ç'est plein d'énergie ! Tout d'abord, Jésus, le fils de Dieu, le roi de l'univers, a tout abandonné et est descendu sur terre en toute humilité, mettant de côté sa divinité céleste pour accomplir sa destinée. Son niveau d'abandon à la volonté du Père nous donne un aperçu des circonstances extrêmes qu'il a endurées pour faire naître la volonté de Dieu sur la terre. Aucun mot ne peut expliquer ce que Jésus a sacrifié en étant ici sur terre. Nous voyons deux points clés dans cette écriture ; la réponse de Jésus au rejet a été de pardonner et sa discipline intentionnelle ferme pour accomplir sa destinée sur terre. Nous n'aurons jamais à endurer ce que Jésus a fait en accomplissant sa mission ; cependant, en regardant de près le rejet auquel il a fait face et qu'il a enduré, nous avons un aperçu de l'importance de notre but ici sur terre. Regardons de plus près. Jésus savait qu'il était le fils du Roi, mais il est venu en tant que serviteur. Il était clair quant à sa mission sur la terre, il ne se souciait donc pas d'être important ici sur terre. Il ne permettait pas que le rejet par les autres diminue qui il était ou ce pour quoi il était envoyé sur terre. Il avait l'intention d'aller de l'avant avec sa mission. Le rejet n'a jamais changé l'opinion de Jésus sur qui il était. Souvent, nous laissons le rejet modifier notre perception de qui nous sommes. Prenez un moment pour réfléchir à ce qui vous vient à l'esprit pendant les moments de rejet. Il savait qu'il était le Fils de Dieu, peu importe ce qu'on lui disait ou comment on le traitait. Êtes-vous fermement convaincu de ce que vous êtes ? Notre identité vient de notre Créateur dans le ciel. Jésus a été obéissant jusqu'à la mort, MÊME la mort sur la croix." Au temps de la Bible, mourir sur la croix était la mort la plus horrible qu'une personne pouvait subir. Il a choisi de remplir sa mission, aussi épuisante qu'elle fût. Face au rejet, à la douleur et à la mort, il a continué à avancer vers son but. Pour revenir à mon point précédent, nous pouvons voir comment il se concentrait uniquement sur son but ici sur terre. Grâce à cela, nous pouvons maintenant réaliser que l'accomplissement de notre but ici sur terre est vital.

Notre réponse détermine notre avenir

Alors, que faisons-nous ? Quelle est notre contre-attaque, notre stratégie, notre plan d'action en cas de rejet ? Demandez-vous dès maintenant quelle a été ma réponse face au rejet. Chacun d'entre nous traite le rejet de différentes manières : vous attaquez la personne qui vous a rejeté ? Rester silencieux mais intérieurement bouillonnant de rage ? Êtes-vous écrasé intérieurement ? Vous enfoncez-vous dans la dépression ? Ou bien allez-vous voir le Père pour obtenir sa force et son réconfort en sachant qu'il vous aidera à surmonter tout ce que vous rencontrez dans vos relations ? Chacun de nous a eu une, voire TOUTES ces réponses au rejet à un moment ou à un autre.

Vous êtes ROYALE

Lorsque nous observons le rejet dans la vie de Jésus, nous voyons un schéma : les rejets qui ont eu lieu dans sa vie étaient des distractions destinées à l'empêcher d'accomplir son but. Sa vie nous aide à comprendre que beaucoup de nos rejets sont destinés à nous détourner de notre destin. L'un des effets du rejet est de nous amener à nous considérer de manière négative et à nous saboter. En déformant l'image que nous avons de nous-mêmes, nous tombons dans l'appât de l'ennemi et ne nous voyons pas tels que nous sommes vraiment. L'ennemi utilise cette tactique assez fréquemment ; nous nous disqualifions dans notre propre esprit avant même de nous engager sur la voie du destin. C'est pourquoi il est essentiel de savoir que Jésus n'a pas permis que le rejet des autres interfère avec son esprit ou le dépasse. Si nous nous alignons ou sommes d'accord avec le rejet que nous subissons, il devient très difficile de voir la vérité de ce que nous sommes. Nous en parlerons plus loin dans le livre, lorsque nous parlerons de la limitation des croyances. En fin de compte, nous créons des barrières qui nous empêchent d'avancer vers ce pour quoi nous avons été créés. Pensez-y. Si quelqu'un peut convaincre un puissant géant qu'il n'est pas fort, il n'ira même pas au combat car il est déjà vaincu dans son esprit. Comme nous l'avons déjà dit, connaître la vérité sur qui nous sommes nous donne la bonne perspective lorsque nous sommes confrontés à un rejet. La vérité sur qui nous sommes ne peut venir que de Celui qui nous a créés, et cette vérité est notre bouclier contre le rejet. Souvenez-vous de notre exemple de reine. Personne ne peut vous dire que vous êtes une paysanne quand vous savez que vous êtes ROYALE !

Changez votre pensée !

Ç'est plus facile de dire que de faire, mais ne prenez pas le rejet personnellement. Nous voyons que l'assaut du rejet dans la vie de Jésus a été d'arrêter son destin. Et s'il avait abandonné à cause du rejet de ceux qui l'entouraient, même la trahison qui a conduit à sa mort ? Où serions-nous aujourd'hui, vous et moi ? Changez d'avis sur ce que vous avez affronté, sur ce qu'ils ont dit de vous, et même sur ce que le rejet vous a coûté. Au lieu de cela, déplacez votre attention sur votre destin ; comprenez que ce que vous vivez a été conçu pour faire dérailler votre destin, cependant, Dieu peut l'utiliser pour vous renforcer, vous préparer et vous restaurer. Changez de perspective, et avancez vers votre destin ! Je vous encourage à prendre le temps de chercher comment vous réagirez la prochaine fois que vous serez confronté à un rejet. Demandez à Dieu de vous aider à élaborer une stratégie de réponse !

Notes

Chapitre 7

LE PONT APPELÉ L'ABANDON

Avez-vous déjà été à un moment de votre vie où vous avez réalisé que vous ne pouviez pas vous fier à vos propres émotions ? Je me souviens très bien de cette saison de ma vie où la douleur permanente de la déception, du rejet et de la trahison était très tumultueuse. J'ai l'impression de m'être enfoncé le plus profondément possible, cela a commencé à affecter mes pensées et mes émotions étaient instables. Je vivais dans la peur et la suspicion totales. Il ne fallait pas se fier à mes sentiments !!! Bien sûr, je n'aurais pas dit cela à quelqu'un d'autre pour essayer de garder les choses ensemble autant que je le pouvais. Beaucoup d'entre nous ont vécu une série d'événements et d'attaques diaboliques destinés à nous paralyser, voire à nous éliminer. Peu importe votre race, votre statut dans la vie ou même ce qu'il y a sur votre compte en banque. Il y a des circonstances dans la vie qui vous mettront à genoux, que vous soyez chrétien ou non. Nous avons tous un point de rupture. Parfois, il s'agit d'un problème important, d'autres fois, d'un dilemme récurrent ou d'une série de revers. Quoi qu'il en soit, il y a un endroit où le traumatisme commence à se faire sentir. Le moment que j'ai vécu, c'était il y a quelques années. L'appel à l'aide en moi devenait de plus en plus fort. Ç'est en ces temps plus que jamais que le soin de soi peut sauver des vies. Il est important que nous traitions efficacement les problèmes qui se trouvent à l'intérieur de nous afin de contribuer à notre bien-être émotionnel.

Les questions du cœur

Nous allons discuter de certains obstacles courants et des stratégies qui vous aideront à les surmonter. Commençons par les questions du cœur, qui sont très délicates. Examinons le cœur physique : si une cellule du cœur meurt, c'est tout le cœur qui est touché. La détresse émotionnelle peut être paralysante. En fait, lorsque vous êtes confronté à une douleur émotionnelle, le même message est envoyé à votre cerveau que si vous souffriez physiquement. Il est tout aussi important de recevoir les soins nécessaires lorsque vous êtes confronté à une douleur émotionnelle que lorsque vous avez besoin de soins physiques d'urgence. Comment gérer les problèmes qui peuvent faire des ravages dans vos émotions ? La vraie question devrait peut-être être : "Traitez-vous les questions qui touchent votre cœur, tout court ? Beaucoup d'entre nous poussent leurs émotions au plus profond d'eux-mêmes sans les gérer. Pour beaucoup de femmes, tout et tous les autres passent avant leurs propres besoins - les enfants, les maris et le travail. Souvent, les femmes arrivent en dernier sur leur liste de "choses à faire". Mesdames, nous sommes importantes ! Réaliser que vous ne pouvez pas continuer, prendre les coups de la vie sans vous en remettre. Nous n'avons pas à être des super-femmes, à prétendre que nous sommes invincibles et que rien ne nous dérange. Juste une remarque : je sais qu'il existe aujourd'hui de nombreuses idéologies concernant le féminisme et la façon dont les femmes peuvent être comme les hommes en tout. Je serai la première à me lever et à dire que je suis fière d'être une femme et que je ne veux pas faire tout ce qu'un homme peut faire. Je suis d'accord pour dire qu'il devrait y avoir une parité entre les sexes dans les diplômes universitaires, la participation au marché du travail, les secteurs industriels, ainsi qu'une égalité de salaire entre les hommes et les femmes exerçant les mêmes fonctions. Cependant, la féminité ne doit pas être mise de côté dans la quête d'une femme qui "fait et est égale à un homme". Votre bien-être émotionnel est CRUCIAL !!! Une partie intégrante du maintien d'un bien-être émotionnel sain consiste à apprendre à protéger notre cœur. Comme nous l'avons déjà mentionné, les femmes s'occupent quotidiennement de divers problèmes, et les choses qui nous tiennent le plus à cœur ont tendance à peser sur nous. Nous continuons physiquement, mais souvent nous ne faisons pas face à la tension émotionnelle qui nous affecte profondément et pour certaines, la culpabilité d'avoir besoin d'aide pour quelque chose qui est invisible les empêche de la chercher. Avez-vous déjà connu une angoisse et une douleur aussi profondes qui semblaient sans fin ? David a dit ceci : " Garde ton cœur plus que toute autre chose, Car de lui viennent les sources de la vie". (Proverbes 4 :23 LS) Une autre version dit : " Garde ton cœur plus que tout ce que l'on garde, car de lui sont les issues de la vie." Proverbes 4 :23 DARBY. Merriam Webster définit le mot diligence comme un "effort constant, sérieux et énergique" [8], ce qui signifie que nous devons toujours garder notre cœur avec toute la persévérance et la ténacité nécessaires. L'un des moyens d'y parvenir est de filtrer simplement ce que nous y laissons entrer. Lorsque nous recevons beaucoup de négativité, cela commence à brouiller les eaux de notre cœur et très vite, nous sommes incapables de voir les choses dans la bonne perspective. Nous ne voulons pas que notre vision soit faussée ; nous avons besoin d'une vision claire de notre destin ! Ne vous permettez pas de devenir un dépotoir de commérages, de négativité et de pensées négatives dont nous parlerons plus tard.

Renvoyez les scandales et marchez dans le pardon

Nous pouvons aussi garder nos cœurs par le pardon ; ç'est l'une des plus importantes leçons que j'ai apprises. Comme nous l'avons déjà dit, le rejet viendra, mais les accusations viendront aussi. Dans Luc 17 :1 LS, il (Jésus) a dit à ses disciples : "Les scandales viendront certainement, mais malheur à celui par qui ils arrivent ! Nous voyons que nous allons rencontrer des scandales ; par conséquent, comment allons-nous réagir quand ils viendront ? John Bevere, dans son livre, The Bait of Satan (*L'appât du Diable*), décrit clairement comment le fait d'être offensé est l'appât qui nous conduit au pardon et qui encourage son public à ne pas mordre à l'hameçon ! Les gens feront des choses qui nous blessent. Ce qui est encore plus difficile, c'est que leurs actions nous sont imposées sans aucun remords. Malheureusement, nous rencontrerons des gens très insensibles et carrément méchants. Il peut aussi y avoir des circonstances qui peuvent vous avoir profondément blessé : calomnie vicieuse d'un ami proche, trahison d'un conjoint en qui vous aviez confiance, perte d'un être cher, ou même abandon par un parent. Ces incidents traumatisants peuvent sans aucun doute vous offenser si on les laisse faire. Cependant, ce que nous faisons pour nous prémunir contre des choses qui peuvent nous arriver de manière inattendue est essentiel. Au fond de chacun de nous se trouve un besoin inné de justice. Cependant, lorsque la justice n'est pas rendue, quelque chose en nous semble vouloir s'accrocher à ce qui nous est arrivé. Permettez-moi d'être la

> *Le pardon n'excuse pas le comportement préjudiciable*

première à dire qu'il n'est pas toujours facile de pardonner, mais que ç'est possible !

Une nouvelle perspective sur ce qu'est le pardon nous aidera à libérer les problèmes et les personnes afin que nos cœurs restent libres de toute amertume. Selon le magazine Greater Good (*Un plus Grand Bien*), "les psychologues définissent généralement le pardon comme une décision consciente et délibérée de libérer des sentiments de ressentiment ou de vengeance envers une personne ou un groupe qui vous a fait du mal, qu'il mérite ou non votre pardon". Le pardon n'est pas basé sur qui a eu raison ou tort, que vous ayez fait ou non ce dont ils vous ont accusé, il n'est même pas basé sur le fait qu'ils s'excusent. Permettez-moi de m'arrêter ici et de dire que dans le passé, lorsqu'une personne me faisait du mal, l'une des choses les plus difficiles pour moi était de laisser tomber l'absence de remords et d'excuses de la part de cette personne ! Quand j'étais enfant, ma mère m'a appris que si je faisais quelque chose de mal, il fallait s'EXCUSER. Que l'on s'excuse ou non, on peut toujours se libérer de l'offense en décidant de pardonner. J'ai appris de précieuses leçons en pardonnant aux autres ; la plus importante était le fait que le pardon était pour MOI, et non pour l'autre ! Cela m'a apporté une grande guérison et une paix bien nécessaire lorsque j'ai libéré les autres et les sentiments négatifs que j'avais en réponse à ce qu'ils avaient fait. Je ne suis pas psychologue, mais à travers mes expériences, j'ai appris que le pardon guérit. Lorsque vous libérez des sentiments négatifs, cela fait fondre la colère, apporte la paix, arrête les pensées vexantes de vengeance et vous aide à aller de l'avant dans votre vie. Beaucoup pensent qu'une fois qu'ils ont pardonné, ils devront être en relation étroite avec ceux qui les ont blessés ; ce n'est pas vrai. Le pardon n'excuse pas le comportement préjudiciable ou ne vous force pas à oublier ce qui s'est passé.

Nous ne pouvons pas contrôler ce que font les autres ; cependant, nous pouvons choisir, dans une certaine mesure, l'effet que cela a sur notre vie. Yvonne Camper, auteur de *Healing the Wounds : Prophetic Leadership Transformed (Guérir les Blessures : Leadership Prophétique Transformé)*, dit que "Lorsque nous faisons du comportement des autres une victime, nous nous sentons victimisés, mais lorsqu'il s'agit d'eux, nous l'ignorons ! Ce qui signifie que leur comportement est juste que... leur comportement, nous pouvons alors l'ignorer au lieu de ressentir comme s'ils nous avaient fait quelque chose. Parfois, nous avons besoin de changer de perspective ; cette pépite d'information a changé notre vie.

Le pardon est également très important. La culpabilité, la peur et la honte ont une façon de vous dépasser SI vous les laissez faire. J'ai découvert que lorsque je fais quelque chose de mal, le fait de se repentir et de changer de comportement me libère de la culpabilité. Le fait de faire ce qui est "bien" aide le processus de guérison ; cela libère aussi l'emprise du regret sur notre vie et nous aide à fermer la porte aux cycles négatifs. Le pardon, que ce soit celui des autres ou le nôtre, exige de l'humilité et l'un des meilleurs exemples est celui de l'enseignement de Jésus. Pierre a demandé à Jésus combien de fois ils devaient pardonner. Pierre a ajouté sept fois en pensant que pardonner sept fois à quelqu'un était suffisant. " Jésus lui dit : Je ne te dis pas jusqu'à sept fois, mais jusqu'à soixante-dix fois sept fois. !" Matthieu 18 :22, DARBY Le pardon exige une véritable humilité ; il expliquait que nous devons nier ce que notre chair veut faire et nous soumettre au pardon et à l'obéissance. Avec l'aide de Dieu, nous pouvons faire preuve de l'humilité nécessaire pour pardonner aux autres et apporter la guérison en nous.

Ré-examination du contrôle, du devoir et de l'honneur

Si vous êtes un peu comme moi, vous aimez tout gérer, dans le cadre de votre féminité, bien sûr. Vous êtes une fille super multitâche et du genre à "faire ce qu'il faut" ! Que ce soit pour travailler sur des projets à votre travail, pour les tâches ménagères ou même pour créer votre propre entreprise, vous avez tout ce qu'il faut ! La maman, l'épouse, la PDG et leader au ministère ! Vous êtes une MAITRESSE du multitâche, comme beaucoup de femmes le sont par nature. Juste un avertissement, cela peut devenir dangereux assez rapidement si vous laissez un besoin de contrôle s'installer. Avez-vous l'impression qu'il est obligatoire de vous occuper de chaque problème de votre vie de peur que tout s'écroule sans vous ? L'inquiétude et le stress sont des obstacles majeurs à une vie émotionnellement saine. Ils sont souvent le résultat d'une tentative de garder le contrôle dans CHAQUE domaine de votre vie.

Le contrôle est un sous-produit de l'égocentrisme et de l'absorption de soi. Si vous vous êtes senti fermé à la correction, si vous avez abusé de votre autorité sur les autres, si vous avez ressenti le besoin de ternir des réputations ou même de critiquer les autres sans vous laisser guider par l'amour, c'est un domaine que vous devez reconnaître, dont vous devez vous repentir et qui est celui de Dieu. Je sais que cette pilule peut être difficile à avaler, mais votre besoin de contrôle pourrait être une peur déguisée. Le danger s'intensifie lorsque votre besoin de contrôle se répercute sur la vie des autres. La peur a été décrite comme une fausse preuve apparaissant comme réelle. J'aime cette description parce qu'elle apporte la vérité à la réalité de ce qu'est la peur. La plupart du temps, la peur est alimentée par des questions de type "et si". Les questions "Et si" se fondent sur de faux prétextes sans fondement ; elles se concentrent sur des problèmes et des circonstances qui ne se sont même pas produits, et pourtant elles vous catapultent dans une fausse réalité. Dans la vie, nous ne pouvons pas contrôler efficacement tout et tout le monde. Ç'est un travail à plein temps qui ne porte AUCUN fruit ! Honnêtement, vous ne réussirez jamais à contrôler tout et tout le monde. Renoncez à contrôler les circonstances et les personnes dans votre vie peut sembler difficile ; cependant, il y a de la paix à lâcher prise. La peur est paralysante, mais la reddition apporte la liberté. Vous vous demandez peut-être : "Comment puis-je me rendre et comment puis-je tout relâcher ? Nous sommes souvent tellement liés par la peur et le contrôle que nous n'avons aucune idée de la façon de vivre dans un abandon total. La reddition est une preuve d'honneur, de respect et de devoir. En Jésus-Christ, nous sommes témoins de l'exemple ultime de la reddition. Il a abandonné sa vie pour que nous puissions être libres.

Il ne vous forcera pas à marcher dans ce destin

J'ai récemment lu un article de Doug André, "Ce que signifie abandonner tout à Dieu", il partage l'histoire fascinante d'un soldat né au Japon. "Le soldat a refusé de se rendre lorsque les États-Unis ont pris le contrôle des Philippines pendant la Seconde Guerre mondiale en 1945. Pendant 29 ans, il est resté dans la jungle, refusant de se rendre parce que ses supérieurs lui avaient ordonné de ne pas se rendre à moins de recevoir un ordre spécifique qui l'y autorisait. Finalement, en 1974, l'armée japonaise a envoyé un officier pour donner l'ordre au soldat. Marquant son uniforme militaire, avec son arme pleinement fonctionnelle, le soldat sortit de la jungle pour recevoir l'ordre".

André, a expliqué que "parfois, nous mélangeons notre honneur à Dieu avec notre dévouement et notre honneur à nous-mêmes ; nous ne nous permettons donc pas de nous abandonner totalement à Dieu". Notre devoir envers nous-mêmes, en ne nous abandonnant pas à Dieu, est souvent lié au fait que nous ne voulons pas lui donner le contrôle de tous les domaines de notre vie. Qu'est-ce que donc l'abandon total ? Matthieu 16 :24-25 SEMEUR, dit "Puis, s'adressant à ses disciples, Jésus dit Si quelqu'un veut marcher à ma suite, qu'il renonce à lui-même, qu'il se charge de sa croix et qu'il me suive. Car celui qui est préoccupé de sauver sa vie la perdra ; mais celui qui perdra sa vie à cause de moi, la retrouvera." En perdant votre vie, il veut dire permettre à Dieu de diriger votre vie et abandonner les choses qui vous maintiennent emprisonnés dans la peur et le contrôle.

Ce que Jésus disait ici, ç'est que si tu t'abandonnes à ma volonté, à ce pour quoi je t'ai créé et à ce que tu es depuis le début des temps, tu trouveras ta vie. L'abandon implique de céder votre cœur, votre volonté et vos projets à ceux de Dieu. Cela peut vous sembler étrange, car vous avez peut-être fait les choses à votre façon toute votre vie. Dieu est le parfait gentleman. Bien qu'il vous ait créé dans un but précis, il ne vous forcera pas à marcher dans ce destin. Ç'est pourquoi on appelle cela la reddition, car vous avez le pouvoir de choisir de renoncer à vos plans, à votre volonté et à votre cœur pour marcher dans ce qui est votre VRAI but, celui pour lequel Dieu vous a créé. Dans ce passage, il explique également que vous devrez vous renier vous-même, en abandonnant certaines des choses que vous désirez pour accomplir la volonté de Dieu dans votre vie. J'ai souvent trouvé que ce que je pensais être le plan parfait, l'homme parfait, le travail parfait, n'était pas du tout bon pour moi, mais quand j'ai commencé à faire confiance à Dieu et à suivre sa voie, les choses semblaient s'accorder et se sentir bien. Je ne dis pas que tout sera parfait dans votre vie ; en fait, Il demande que nous prenions nos croix et que nous Le suivions. Tout comme Jésus a porté sa croix au Calvaire et a subi la mort sur la croix, nous avons nous aussi une croix à porter. Il y aura des choses qui se passeront dans notre vie qui ne seront pas agréables ; cependant, la bonne chose est que si nous avons le Christ dans notre vie, nous pouvons surmonter TOUT !

Sachez que la guérison peut être un processus. Si vous pensez avoir besoin d'une aide psychologique, recherchez une personne avec laquelle vous vous sentez à l'aise et à qui vous pouvez faire confiance pour votre bien-être émotionnel. N'oubliez pas que vous n'êtes pas le seul à être affecté par le traumatisme que vous avez subi. La conscience de soi est importante ! L'introspection et la réflexion vous sauveront la vie ET celle des personnes qui vous entourent. Une saine combinaison de la connaissance de qui vous êtes et de votre valeur, du pardon, d'une relation solide avec Dieu et de la possibilité de marcher à vos côtés pendant une saison vous placera sur le chemin de la guérison.

Changez votre pensée !

Tout ce dont nous avons parlé dans ce chapitre nécessite un abandon. Commencez par dresser une liste des personnes que vous devrez peut-être pardonner, des situations sur lesquelles vous devez renoncer à votre contrôle et des circonstances dans lesquelles vous vous êtes laissé aller à être une victime. Après un certain temps de prière, commencez à abandonner, un par un, ces questions à Dieu. Relâchez-les et soyez libre de vous engager dans une voie qui vous mènera à votre but !

Notes

Chapitre 8

Fausses Identités

Je suis sûr que vous pouvez comprendre quand vous essayiez de vous intégrer quand étant au secondaire. Ç'était une époque où vous essayiez de comprendre qui vous étiez et de vous faire accepter par les autres. Certains étaient considérés comme des clowns de classe, tandis que d'autres excellaient dans le sport. Certains faisaient des choses folles pour être acceptés, et je crois que beaucoup d'entre nous peuvent comprendre qu'ils n'auraient pas dû l'être, pour des raisons de popularité, à un moment ou à un autre. Ç'était une époque où les camarades de classe s'empressaient d'attribuer des étiquettes telles que "intello", "solitaire" ou "chouchou du professeur". Il y avait aussi des pressions de la part de la maison, car les parents comparaient les frères et sœurs. Les étiquettes ont la capacité de nous imposer un stress énorme pour que nous soyons performants de certaines manières, ce qui nous oblige souvent à prendre des identités qui n'étaient pas censées faire partie de notre conception d'origine. Vous avez peut-être connu quelqu'un au secondaire qui a envisagé ou même mené à bien le processus d'obtention d'une fausse identité. Au secondaire, il semblait que nous étions tous prêts à grandir rapidement, et pour certains, une fausse identité n'était que le remède. Pour l'essentiel, la fausse identité leur permettait d'être quelqu'un qu'ils n'étaient pas, leur donnait accès à des endroits où ils n'étaient pas censés aller et, en retour, leur faisait vivre des choses qui n'étaient pas censées se produire.

Tout le monde n'est pas encore passé par le processus d'obtention d'une véritable fausse identité. Cependant, un grand nombre d'entre eux portent de fausses identités la plupart de leur vie, retirant celle qui correspond à la situation immédiate. Qu'il s'agisse d'une étiquette formée à partir de vos désirs ambitieux, d'étiquettes données par les traumatismes que vous avez subis, de pressions exercées par vos parents et vos pairs ou simplement de votre besoin personnel d'acceptation, les fausses identités peuvent avoir un impact significatif sur votre véritable identité.

"rejeté" est devenu ma plus célèbre fausse identité.

Je ne suis pas sûr pour vous, mais le secondaire a été une période difficile pour moi. J'essayais toujours de trouver mon équilibre et ma place, d'être un enfant "passe-partout", sans parler des défis quotidiens qui se présentaient à moi au réveil, mais j'ai essayé, sans succès, de noyer mon désir intérieur de m'intégrer. J'étais un bon élève et j'ai vite découvert que j'avais un don pour le basket. J'ai été transféré de l'équipe Varsity junior à Varsity en première année de secondaire et, apparemment, les choses s'amélioraient ! Cependant, en un clin d'œil, je me suis blessé et à partir de là, les choses ont semblé se détériorer. Je n'oublierai jamais la sensation d'enfoncement dans mon estomac lorsque j'ai traversé le campus pour me rendre à salle d'ordinateurs. "Coach, il faut qu'on parle. Je suis enceinte." Maintenant, je suis entrée dans l'étiquette "adolescente enceinte". Je me demandais comment j'avais fait pour arriver à ce niveau au secondaire. Comment me sentais-je, mon corps, pourquoi ai-je cédé aux tentations du sexe ? Une partie de moi cherchait l'amour en tant qu'enfant au cœur d'orpheline privé de l'amour de mon père. Ç'était ma dernière année et j'étais censé diriger les jeunes joueurs, mais j'étais là, assis dans le bus scolaire, en me disant : "Au moins, quelqu'un m'aimera. Je parlais de mon enfant à naître. Je n'avais pas confiance en ce pour quoi j'avais été créé, et au lieu de cela, "rejeté" est devenu ma plus célèbre fausse identité. Ce n'est que plus tard que j'ai réalisé à quel point je me suis sentie rejetée à ce moment-là et au-cours les années qui ont suivi. J'ai poursuivi mes études aussi loin que possible jusqu'à ce que la médecine ne commence à se tourner vers quelque chose que je n'étais pas prêt à supporter.

"Divorcée" était désormais la toute dernière étiquette ajoutée à ma collection de fausses identités. Je me suis remarié et j'ai eu deux enfants. Plus tard, j'ai versé tout ce que j'avais dans ma famille. Avec les "motha", c'est-à-dire les femmes plus âgées et soi-disant plus sages de l'église, qui me disaient que mes enfants étaient jeunes et que je devrais être mère pendant les 10 à 12 prochaines années avant de pouvoir faire quelque chose pour moi, j'ai senti que ma vie était pour eux. Arrêtons-nous ici un instant. Je veux partager avec vous qu'il est impératif de rechercher des conseils avisés à l'intérieur et à l'extérieur de l'église. Lorsque les gens demandaient "Que faites-vous ?" ma réponse était : "Je suis une "mère et épouse ménagère"." Je n'avais pas d'autres aspirations pour l'instant car de nombreux "gens d'église" (pour la plupart bien intentionnés) me donnaient l'impression que tout ce que je devais faire était de prendre soin de ma famille pour la prochaine décennie. Comprenez bien qu'il n'y a rien de mal à être une mère ou une épouse. Je veux souligner le fait que si vous ressentez un appel à faire plus, FAITES-LE ! En Dieu, il n'y a ni l'un ni l'autre, ce qui signifie que vous ne devez pas être reléguée à prendre soin de vos enfants ou à poursuivre la destinée que Dieu vous a donnée. Cherchez Dieu et demandez-lui quelle est sa volonté pour vous en cette saison et il vous guidera.

Vous comprenez maintenant mon point de vue sur la façon dont nous pouvons rapidement rassembler des identités qui n'ont rien à voir avec ce pour quoi nous avons été créés. Souvent, nous tombons dans le piège qui consiste à confondre ce que nous faisons ou ce que nous avons vécu avec notre véritable identité. Par exemple, oui, je suis tombée enceinte à l'adolescence, j'ai divorcé et j'ai été abandonnée par mon père, mais ce ne sont là que des circonstances que j'ai vécues, ce n'est pas ce que je suis. La vraie identité vient du Père, mais beaucoup d'entre nous portent de fausses identités. Le plus souvent, ces fausses identités sont le résultat de ce que j'appelle des facteurs de peur. Les facteurs de peur proviennent généralement de la peur des autres, de la peur d'échouer, de la peur d'être rejeté, et bien vous pouvez comprendre. Honnêtement, à un moment donné de notre vie, nous avons tous été confrontés à un ou plusieurs de ces facteurs, que ce soit pour essayer de s'intégrer dans la société ou pour éviter l'échec. Si nous n'y faisons pas face, ces facteurs peuvent devenir les voix qui font autorité dans notre vie, nous dictant comment et quand nous allons de l'avant, comment réagir et poursuivre nos rêves ou non, comment prendre des décisions et vivre notre vie.

Découvrir le vrai VOUS

Comme je l'ai déjà mentionné dans le premier paragraphe de ce chapitre, les fausses identités vous forcent à être quelqu'un que vous n'êtes pas, vous donnent accès à des endroits où vous n'étiez pas censé aller et vous forcent à vivre des choses que vous n'étiez pas censé vivre. Grâce aux fausses identités, vous pouvez vous retrouver dans des relations que vous n'auriez jamais dû avoir, des relations qui ont complètement changé la trajectoire de votre vie. Avez-vous vu beaucoup plus que vous n'auriez dû parce que vous avez accédé illégalement à des endroits où vous n'auriez jamais dû aller ? Certains ont perdu des années de leur vie en se trouvant au mauvais endroit, en étant avec les mauvaises personnes, tout cela parce qu'ils ont accédé illégalement à un endroit où ils n'auraient jamais dû se trouver. Prenez un moment pour réfléchir à tout cela. Des jeunes ont été vendus comme esclaves, des gens ont fait une overdose, d'autres ont été mis en prison pendant des années, tout cela parce qu'ils ont accédé illégalement à un endroit où ils n'auraient jamais dû aller.

Ç'est un fait que des personnes comme un parent qui abuse verbalement ou un supérieur hiérarchique, ont tendance à nous coller des étiquettes aussi et souvent parce que vous n'avez pas vraiment le sentiment d'être qui vous êtes, vous acceptez ce que les autres disent de vous et vous le croyez. Le problème, c'est qu'ils ne savent pas qui vous êtes. Ç'est à vous d'enlever les couches de chaque fausse identité que vous avez portée et de chaque étiquette qui a été placée sur vous. Qui êtes-vous ? Avez-vous déjà été assez silencieux, ou êtes-vous resté assis assez longtemps pour savoir qui vous êtes... Je veux dire qui Dieu vous a créé pour être ? Dès le début, votre identité a été gravée dans la création, avant même que quelqu'un ne vous colle une étiquette. Cherchez Dieu pour votre vraie identité et libérez-vous des fausses identités.

Changez votre pensée !

Qu'y a-t-il dans votre portefeuille ? Il est temps de vérifier et de détruire toutes les fausses identités que vous avez portées tout au long de votre vie ! Faites une liste de toutes les fausses identités avec lesquelles vous vous êtes identifié et demandez à Dieu de vous aider à les retirer de votre vie. Prenez les quelques jours qui suivent pour demander à Dieu la vérité sur qui il dit que vous êtes.

Notes

Chapitre 9

EN QUOI CROYEZ-VOUS ?

Je suis sûre que vous avez entendu le terme "croyances limitatives". Malheureusement, beaucoup d'entre nous les possèdent. Joyce Meyer a inventé l'expression "pensée puante" [12]. Avant de pouvoir rêver GRAND, nous devons changer notre pensée en nous débarrassant de tout ce qui est en opposition avec la vérité, la Parole de Dieu. La Bible, qui est la Parole de Dieu, est remplie de riches vérités sur votre identité. Vous n'avez peut-être jamais lu la Bible ou vous avez l'impression de ne pas pouvoir la comprendre. Un élément clé pour comprendre les profondeurs de la Parole de Dieu est de prier avant de lire les écritures. La prière invite le Saint-Esprit à vous donner la clarté et la compréhension de ce que vous lisez. Laissez-moi vous expliquer que lorsque Jésus était sur cette terre, Dieu le Père était au ciel. Il est arrivé un moment où le dessein de Jésus sur la terre a été accompli. À ce moment-là, il est revenu pour être avec son Père qui est aux cieux et pour assumer son nouveau rôle d'intercesseur et de défenseur parmi tant d'autres. À cette époque, les disciples de Jésus étaient sur terre, s'engageant dans leur mission et leur destinée pour répandre ce qu'ils avaient appris de Jésus, dans le monde entier. Jésus les a encouragés en leur envoyant une aide, qui est le Saint-Esprit. La Bible l'explique clairement, dans Jean 14 :26 DARBY, " mais le Consolateur, l'Esprit Saint, que le Père enverra en mon nom, lui, vous enseignera toutes choses et vous rappellera toutes les choses que je vous ai dites".

Notre aide

Le Saint-Esprit a été crucial pour les disciples comme ils étaient en train de tracer un nouveau territoire pour la diffusion de l'Evangile dans le monde entier. Il en est de même pour nous aujourd'hui. Il est difficile de naviguer dans la vie, sans parler du fait que nous devons tracer notre destin. Il se peut que vous ayez à tracer le nouveau territoire de votre propre entreprise, à inventer quelque chose que personne n'a jamais vu ou à changer les systèmes mondiaux actuels qui remettent en question le statu quo. Ç'est pourquoi Dieu a envoyé le Saint-Esprit comme aide, non seulement pour les disciples mais aussi pour tous ceux qui ont choisi d'accepter Christ comme leur Sauveur personnel. Le Saint-Esprit est vital pour la vie du croyant. Il est également essentiel pour tous ceux qui désirent vivre leur vie d'une manière qui soit agréable à Dieu. Un bonus étonnant est qu'une fois que vous avez accepté Christ dans votre cœur, il vous promet la vie éternelle au ciel. L'aide de Dieu, le Saint-Esprit, peut vous aider à faire face aux problèmes de la vie, vous donner des éclaircissements sur les Écritures et sur la façon dont elles s'appliquent à vous dans votre situation actuelle. Ici encore, nous voyons que Dieu nous a donné une aide : " Quand l'Esprit de vérité sera venu, il vous conduira dans la vérité tout entière..." (Jean 16 :13, SEMEUR)

Vous vous dites peut-être : "Je n'ai aucune idée de ce dont vous parlez concernant la Bible", et je veux que vous sachiez que c'est correct. Vous n'avez peut-être pas encore pris la décision d'accepter Christ dans votre cœur. Si vous sentez la tiraille dans votre cœur pour accepter Jésus, vous pouvez l'accepter en répétant la prière suivante :

Mon Dieu, je ne comprends peut-être pas tout sur toi, mais je pense que t'accepter dans mon cœur est la bonne chose à faire. Je me repens des mauvaises choses que j'ai faites, consciemment et inconsciemment. Je crois que Jésus a pris la sanction de mon péché sur la croix, qu'il a été enterré et qu'il est ressuscité en me mettant en relation avec toi. Aide-moi et enseigne-moi ce nouveau voyage au nom de Jésus, amen.

Félicitations, et bienvenue dans la famille ! Pour plus d'informations sur votre nouveau salut, vous pouvez consulter mon site web www.reneleawono.com. Les "Gemmes du Royaume" vous donneront un aperçu en tant que nouveau croyant.

Avec votre foi nouvellement trouvée, vous pouvez maintenant rechercher le Saint-Esprit pour une compréhension claire des écritures et une transformation par la vérité de sa Parole. Bill Johnson dit ceci : "Je ne peux pas me permettre d'avoir dans ma tête une pensée qu'il

Tout ce qu'Il veut pour nous est bon

(Dieu) n'a pas dans sa tête à mon sujet. Chaque fois que j'envisage des choses qui ne sont pas vraies et centrales dans sa perspective sur moi, je visite quelque chose qui va faire la guerre à ce qu'il pense de moi" [13]. Cette vérité m'a soufflé ; c'était un moment de Selah ! Laissez-moi vous expliquer : à l'époque de la Bible, lorsque les lecteurs tombaient sur le mot "Selah", ils comprenaient que c'était un moment pour prendre du temps pour s'asseoir et réfléchir à ce qu'ils venaient de lire avant de passer au passage suivant. Cette citation fait réfléchir et explique la nécessité de changer notre mentalité avant de pouvoir avancer vers le destin auquel Dieu nous a appelés. Lorsque nous avons des pensées limitatives sur notre identité, nos capacités et notre valeur, cela entrave la confiance dont nous avons besoin pour être ceux que Dieu nous a créés. Cependant, lorsque nous lisons et comprenons les écritures, elles nous aident à comprendre l'amour que le Père a pour nous, et que tout ce qu'il veut pour nous est bon ! Tout comme un bon père naturel protège, encourage, affirme et aime ses enfants, notre Père céleste désire ce qu'il y a de mieux pour nous. Le plus souvent, nous pensons beaucoup moins à nous-mêmes qu'à lui. Il est temps de savoir ce qu'il dit de vous et de commencer à penser de la même manière.

Rêvez GRAND, mais tout d'abord...

Beaucoup d'entre nous ont une pensée très étroite, surtout en ce qui concerne les capacités, la confiance et la conscience de soi. La marche vers notre destin commence par la connaissance de soi. Avant de commencer à rêver GRAND, examinons quelques mesures pratiques pour nous aider à commencer à changer notre façon de penser. Je vous pousse intentionnellement à poursuivre une autre dimension de la connaissance de soi. Cela vous aidera à éliminer toute graine négative dans votre vie, vous permettant de sauvegarder et de nourrir les choses qui vous aideront à grandir de l'intérieur et de l'extérieur. L'objectif est de devenir plus conscient de soi, de connaître et de comprendre vos dons, vos talents, vos points faibles et vos déclencheurs. Connaître vos capacités (aptitude ou pouvoir de faire) et comprendre la façon dont vous traitez l'information vous prépare à la guérison et à la croissance intérieures. En outre, reconnaître votre niveau de tolérance (capacité ou volonté de tolérer des comportements chez les autres avec lesquels vous n'êtes pas nécessairement d'accord) vous permet également de vous élever au-dessus de toutes les circonstances auxquelles vous pourriez être confronté. Le fait de gagner en clarté et en conscience de soi vous aidera à vous positionner pour réussir.

Il y a tant de voix avec lesquelles nous devons rivaliser aujourd'hui. Les voix de la société, des membres de la famille, des patrons et des collègues, et même notre propre voix intérieure ! Honnêtement, il n'y a qu'une seule vraie voix : la voix de Dieu. Ce qu'il a à dire sur vous est tout ce qui compte ! Il fut un temps dans ma vie où j'ai permis à ces voix de noyer sa vérité me concernant. Il a donc utilisé une autre méthode pour me faire parvenir sa vérité. Il m'a parlé assez fort à travers d'autres personnes pour qu'il soit indéniable qu'il me transmettait un message à cette époque. Il a commencé à amener les gens à me donner des paroles d'encouragement, et ç'est arrivé au point où deux ou trois fois par jour, quelqu'un me disait les mêmes paroles d'encouragement et j'avais besoin d'entendre cela en cette saison. J'avais besoin d'entendre que j'étais étonnante, belle, appréciée, désirée, nécessaire, approuvée et INDISPENSABLE ! Je savais que lorsque cela commençait à se produire si souvent, Dieu essayait d'attirer mon attention, en me disant de différentes manières que j'étais précieuse et très estimée. Ç'était maintenant mon travail de ne pas laisser ces vérités m'échapper, mais de m'y accrocher, de les chérir et de faire de sa vérité ma vérité. Cette expérience a transformé la perception que j'avais de moi-même et m'a aidée à m'aligner sur les pensées qu'il a à mon égard.

Beaucoup d'entre nous ont mal perçu notre identité, notre personne, ce que les gens pensent et ce que nous pouvons réaliser. Nous pourrions remplir des volumes de livres avec les pensées négatives qui tentent de prendre le dessus sur notre pensée. Ce que Bill Johnson explique comme son mantra, c'est ce sur quoi nous devons également nous concentrer, comme je l'ai dit plus tôt. Alors, qu'en pensez-vous ? Vous ne vous êtes peut-être jamais posé cette question auparavant, ou vous avez peut-être peur de ce qui est ancré en vous. Prenez votre courage à deux mains et commencez à vous poser des questions difficiles :

Que dois-je croire : moi, Dieu et mes capacités ?
Qu'est-ce que je crois de la Bible ?
Que dois-je croire de mon avenir ?
Y a-t-il des mensonges en quoi je crois ?

Lorsque vous commencez à dévoiler certaines de ces réponses, voyez si elles sont en accord avec la Parole de Dieu. Vous pouvez le faire en priant et en demandant à Dieu ce qu'il pense de vous, vous pouvez aussi lire ce que les écritures disent de vous. Si vous ne connaissez pas la Bible, un outil parfait est une Bible d'actualité. Une Bible d'actualité liste par ordre alphabétique les différents sujets de la Bible et les endroits où ils peuvent être trouvés. Il est ainsi très simple de savoir ce que dit la Bible. Par exemple, si vous voulez chercher ce que la bible dit sur la paix, vous trouverez la paix dans la Bible topique, et en dessous, il y aura des écritures sur la paix dans la Bible.

Là encore, lorsqu'un artiste crée une peinture ou qu'un créateur invente le prochain nouveau gadget, il se peut que nous ne comprenions pas entièrement le but de l'invention. Ç'est pourquoi nous retournons à celui qui l'a créée pour comprendre pleinement la raison pour laquelle elle a été créée et ce pour quoi elle a été créée. Ç'est la même chose pour nous, Dieu nous a créés, et la seule façon de comprendre pleinement ce pour quoi nous avons été créés est de revenir à ses paroles à notre sujet. La Bible est sa vérité et parle spécifiquement de qui nous sommes, de ce pour quoi nous avons été créés et de notre destin.

Rêvez GRAND

Il est temps pour vous de Rêver GRAND et de co-créer avec Dieu. Une grande vision, des idées et des plans commencent dans votre esprit comme une pensée. Si vos pensées sont remplies de négativité, la créativité, les solutions aux problèmes mondiaux et les inventions spirituelles ne perceront jamais. Rêvez EN GRAND vous met au défi de vous débarrasser de toutes vos pensées, peurs et croyances erronées et vous oriente vers ce que Dieu dit de votre destin et de vous en tant qu'individu. Il vous est possible de vivre au-delà des croyances limitatives et des attentes irréalistes que vous vous êtes imposées. Il est possible de dépasser ces paroles obsédantes qu'on a prononcés à votre sujet. Le Seigneur m'a fait savoir qu'il y a des croyances fondamentales qui sont entrées dans nos esprits, qui ne sont pas vraies et que ces mensonges ont conduit à des forteresses impies. Ce sont des blocages qui nous empêchent d'atteindre le niveau supérieur en Dieu, d'avancer dans notre vie personnelle et d'accomplir notre destin !

Je veux vous encourager à RÊVER EN GRAND ! Il existe d'innombrables façons de remplir votre mission ici sur terre. Quand l'occasion se présente,

Renoncer à toute pensée limitante

"Allez-y !" Comme je l'ai dit plus tôt, la chose dont nous avons le plus peur est parfois ce en quoi Dieu a l'intention de nous utiliser grandement. J'avais peur de parler en public, et maintenant j'ai donné des cours et des ateliers, j'ai été porte-parole d'un rassemblement annuel "Stop the Violence" (*mettre fin à la violence*) et j'ai pris la parole à l'échelle internationale. Je veux vous encourager à avoir peur, à ne pas savoir à quoi vous attendre, à aller sans réserve comme Dieu le veut. S'il le faut, allez-y sans vous préparer et faites confiance à Dieu pour vous aider ! Cela peut sembler peu conventionnel, mais nous parlons nous-mêmes de notre propre destin. Beaucoup d'excuses viennent du doute de soi. Si vous n'êtes pas sûr de la porte ouverte qui vous convient, essayez-les toutes jusqu'à ce que vous sachiez sans l'ombre d'un doute que c'est celle que Dieu a prévue pour vous. Nombreux sont ceux qui ratent des occasions et ouvrent des portes simplement par peur, indécision et idées fausses. Libérez-vous et soyez tout ce que Dieu vous a créé pour être depuis le début des temps !

Ma prière est que vous abandonniez au Seigneur toute pensée et tout comportement limitant et, que vous lui permettiez d'être votre refuge, votre confort, votre force et votre paix. Permettez-lui d'être votre protecteur et votre courage. Je me souviens de moments où j'avais si peur. Les situations ou les paroles des gens m'écrasaient. Durant ces moments-là, je disais : "Seigneur, protège-moi, ne leur permets pas de me faire du mal ; guide mes paroles, garde les portes de mes lèvres pour que je ne dise rien que tu ne voudrais pas que je dise, aide-moi". Il l'a fait à chaque fois, et cela a renforcé ma confiance en Dieu. Il vous protégera tout au long du voyage pour découvrir votre identité en Lui et pour poursuivre votre but ici sur terre. Je veux vous laisser avec cette écriture comme un rappel pour vous aider à garder vos pensées libres de toute négativité. " Au reste, frères, toutes les choses qui sont vraies, toutes les choses qui sont vénérables, toutes les choses qui sont justes, toutes les choses qui sont pures, toutes les choses qui sont aimables, toutes les choses qui sont de bonne renommée, -s'il y a quelque vertu et quelque louange, -que ces choses occupent vos pensées". Philippiens 4 :8 DARBY

Changez votre pensée !

Il est temps de rêver en grand, mais il faut d'abord se débarrasser de toutes les pensées puantes qui vont détruire vos progrès. Prenez le temps de sonder vos pensées... qu'est-ce qui entre et sort de votre pensée librement ? Avez-vous une alarme personnelle qui retentit lorsqu'une pensée négative vous vient à l'esprit ? Les pensées négatives peuvent-elles entrer et sortir librement de votre espace mental ? Si c'est le cas, commencez à évaluer ce que vous pensez et fixez des limites pour protéger vos pensées.

Notes

Le Voyage

Partie 3

Nous sommes sur la route du destin maintenant, vous n'avez probablement jamais pensé que vous y arriveriez ! Alors que vous commencez à poursuivre votre destin, vous rencontrerez peut-être certaines choses au cours de votre voyage. Cette section vous encouragera à entrer dans la vie extraordinaire qui vous attend, avec une confiance totale en Dieu, vous alertera de certains obstacles potentiels et éveillera votre identité. J'espère que vous êtes enthousiaste aujourd'hui ; vous avez tourné la page et commencé un nouveau chapitre de votre vie !

Chapitre 10

PIÈCES

Quand nous sommes nés, vous et moi, nous n'avions aucune idée de ce à quoi ressembleraient les années qui nous restaient à vivre. Ainsi, la plupart d'entre nous vivent au jour le jour avec les projets et les pensées que nous avons pour notre propre vie ; cependant, comme mentionné précédemment, Jérémie 29 :11, Dieu déclare : " Car je connais les projets que j'ai formés sur vous, dit l'Eternel, projets de paix et non de malheur, afin de vous donner un avenir et de l'espérance". Jérémie 29 :11 LS.

Si vous êtes un planificateur, vous aimez que chaque détail de votre vie soit soigneusement planifié. Malheureusement, la vie ne fonctionne pas ainsi. La plupart de nos vies sont comme un puzzle de 5000 pièces, sans le dessus de la boîte ! Il est difficile de voir à quoi ressemblera le produit fini lorsque nous relions le puzzle de nos vies une pièce à la fois. Lorsque vous commencez à découvrir des indices qui vous mènent vers votre but dans la vie, je veux vous

> *Si l'argent n'était pas un problème, que feriez-vous ?*

encourager à être patient et à apprécier le voyage. Sachez que vous pouvez compter sur le fait que les plans de Dieu pour vous sont de vous faire prospérer, et non de vous nuire, et qu'ils ont un but précis. Il est également important de comprendre qu'il vous a donné la liberté de CHOISIR sa volonté pour votre vie, ce qui se fait par l'abandon à sa volonté. Votre choix de lui dire oui et à ce qu'il vous a conçu pour être depuis le début des temps, vous donne un accès complet à votre véritable destinée. D'après mon expérience, il est tellement mieux de choisir les plans de Celui qui vous a créé, plutôt que de vivre à votre façon !

Indices pour définir votre objectif

Vous vous demandez sans doute maintenant pourquoi suis-je sur terre. Quel est mon destin ? Comment puis-je commencer à le comprendre ? Eh bien, la vérité est que Dieu nous a déjà donné des conseils et des indices auxquels nous n'avons peut-être pas prêté beaucoup d'attention. Ces indices sont ancrés dans votre personnalité et dans les choses que vous aimez faire et qui vous passionnent. Êtes-vous un encouragement ? Est-ce que cela vous vient naturellement d'encourager les autres ? Avez-vous tendance à prendre ou à être nommé à des postes de direction par vos pairs ? Cela vous excite-t-il de résoudre des problèmes ? Avez-vous toujours fait attention aux personnes défavorisées ou à celles qui ont moins de chance ? Ce sont là des questions à vous poser qui peuvent vous aider à vous diriger vers ce que Dieu a voulu pour votre vie. Quelle est la carrière dont vous rêvez ? Que feriez-vous gratuitement ? Ce serait la chose qui vous apporterait le plus de joie et d'épanouissement. Enfin, si l'argent n'était pas un problème, que feriez-vous ?

La bible est remplie de personnes qui sont utilisées comme de grands exemples, qui ont faites de grandes choses sur la terre. Je me souviens de l'histoire de Moïse quand il a entendu de Dieu qu'il allait être le sauveur de la nation Israélite. Il n'avait pas confiance en ses capacités à réaliser son dessein. Dieu l'a aidé et encouragé de plusieurs façons. Dieu a rappelé à Moïse d'utiliser ce qu'il avait dans sa main (Exode 4 :2 LS), ce qui n'a peut-être pas été très encourageant pour Moïse car ce qu'il avait dans sa main était un bâton, un simple bâton de marche ! Regardons les choses en face. Comment vous sentiriez-vous face à un pharaon cruel et à une armée massive avec un bâton de marche ? Moïse s'est servi de ce bâton par la puissance de Dieu pour accomplir de nombreux miracles et finalement, par instruction de Dieu, il l'a utilisé pour diviser la mer Rouge. La division de la mer Rouge a consolidé la fuite et la liberté des Israélites. Il se peut que vous ayez dans votre main quelque chose qui vous semble inutile, mais qui pourrait être lié à votre objectif. Cela peut être une idée, un projet, de l'argent, une propriété, les possibilités sont infinies.

Votre destin peut être lié à une compétence spécifique que vous possédez. Lorsque Moïse a été chargé par Dieu de construire le Tabernacle, Dieu lui a donné des détails spécifiques. Ceci n'est pas différent pour vous et moi ; Il précise dans les écritures suivantes qu'il nous a conçus avec des plans détaillés en pensée. Dans Exode 31 :2- 11, SEMEUR, il est expliqué, 2 Regarde, j'ai appelé par nom Betsaleël, fils d'Uri, fils de Hur, de la tribu de Juda ; 3 et je l'ai rempli de l'Esprit de Dieu, en sagesse, et en intelligence, et en connaissance, et pour toutes sortes d'ouvrages, 4 pour faire des inventions : pour travailler en or, et en argent, et en airain ; 5 pour tailler des pierres à enchâsser, et pour tailler le bois, afin d'exécuter toutes sortes d'ouvrages. 6 et voici, j'ai donné avec lui Oholiab, fils d'Akhisamac, de la tribu de Dan; et j'ai mis de la sagesse dans le cœur de tout homme intelligent, afin qu'ils fassent tout ce que je t'ai commandé: 7 la tente d'assignation, et l'arche du témoignage, et le propitiatoire qui sera dessus, et tous les ustensiles de la tente, 8 et la table et ses ustensiles, et le chandelier pur et tous ses ustensiles, et l'autel de l'encens, 9 et l'autel de l'holocauste et tous ses ustensiles, et la cuve et son soubassement, 10 et les vêtements de service, et les saints vêtements d'Aaron, le sacrificateur, et les vêtements de ses fils, pour exercer le sacerdoce, 11 et l'huile de l'onction, et l'encens des drogues odoriférantes pour le lieu saint. Ils feront selon tout ce que je t'ai commandé.".

Dans ce passage, nous voyons que Dieu a donné à Oholiab & Betsaleël et à d'autres artisans habiles la capacité de travailler avec leurs mains pour remplir le but dans la construction du Tabernacle selon une spécification détaillée. Ç'est la preuve que Dieu vous préparera à ce pour quoi vous êtes créé sur cette terre. Pensez à vos compétences, à ce que vous pouvez faire avec facilité. Vous pouvez être un artiste, un chanteur, un comptable ou même un grand débatteur dont le destin est d'apporter la justice en devenant avocat ! Vous êtes passionné par l'entrepreneuriat ? Ce qui vous enthousiasme est peut-être l'indice qui vous conduit à votre destin.

La Bible parle d'une femme nommée Lydie, qui était vendeuse de pourpres. Elle était une femme d'affaires et une chrétienne convertie. À cette époque, il était très difficile de teindre les tissus, les teintures étaient naturelles et il était très difficile d'obtenir suffisamment de minéraux pour teindre les tissus. En fait, la teinture pourpre était fabriquée à partir de liquide trouvé dans les crustacés et il fallait des centaines, voire des milliers de minéraux pour créer la teinture pourpre. Cela nous dit plusieurs choses ; Lydie n'était pas une femme pauvre ; nous le comprenons parce que l'approvisionnement des articles nécessaires à la teinture et au tissu était très coûteux. Nous pouvons également voir qu'elle était une très bonne femme d'affaires, vendant ses tissus chers à des prix raisonnables pour obtenir un retour sur son investissement. La Bible nous apprend également que la Lydie était originaire de Thyatire, une province romaine d'Asie, connue pour la vente de pourpres. Dans le livre des Actes des Apôtres, nous trouvons que Lydie vendait ses beaux objets à Phillipi, qui était une région de Macédoine. Lydie a pris une compétence d'une région et l'a implantée dans une autre. Dieu vous a peut-être déplacé d'une région à l'autre pour vendre un produit ou un service qui serait nouveau dans cette région particulière. Alors que dans votre ville natale, votre compétence, votre produit ou votre service était peut-être courant, le simple fait de vous déplacer dans une autre région vous donnera un avantage sur le marché !

Il n'y a aucune limite à ce que vous pouvez faire sur cette terre lorsque vous abandonnez votre volonté à Dieu

Tout aussi importants, et même plus, sont les dons que Dieu donne pour la construction de l'église à l'intérieur et à l'extérieur. Dans Éphésiens 4 et I Corinthiens 12, I Pierre 4 et Romains 12, la Bible explique ces dons. Dieu opère à travers nous de nombreuses façons pour apporter son Royaume sur terre. J'aime ce que la Parole de Dieu dit dans Jacques 5 :17 SEMEUR, " Elie était un homme tout à fait semblable à nous. Il pria avec insistance pour qu'il ne pleuve pas et, pendant trois ans et demi, il ne tomba pas de pluie sur le sol"

Elie avait le don de la foi et de l'intercession. Ce qui est si radical dans ce passage, c'est que Dieu partage intentionnellement cette histoire pour nous faire savoir que nous pouvons aussi accomplir des œuvres miraculeuses. En tant qu'humains, nous ne croyons jamais vraiment que nous aurions une quelconque force sur les éléments naturels, comme nous le montre la façon dont Dieu a utilisé Elie dans ce passage. La vérité est que nous n'avons aucun contrôle sur les éléments, mais Elie s'est rendu à la volonté de Dieu et a prié. Obéissant aux instructions de Dieu, Élie s'est associé à Dieu et a vu des miracles. Jésus a même dit : "Vraiment, je vous l'assure : celui qui croit en moi accomplira lui-même les œuvres que je fais. Il en fera même de plus grandes parce que je vais auprès du Père". Jean 14 :12 DARBY.

Jésus dit que nous allons faire les œuvres qu'il a faites pendant qu'il était sur terre et des œuvres encore plus grandes. Il n'y a aucune limite à ce que vous pouvez faire sur cette terre lorsque vous abandonnez votre volonté à Dieu. Avez-vous un don d'intercession ou de prière ? Avez-vous un don d'enseignement ou un cœur de compassion profonde pour les gens ? Votre but peut être de devenir un pasteur, un conseiller ou un évangéliste. Dieu peut se servir de vous pour remuer le ciel et la terre.

Qui, quoi, quand, pourquoi et où ?

Priez et demandez à Dieu ce que vous avez été créé pour faire sur cette terre et pour qui vous avez été créé ? Il peut s'agir d'un encouragement, d'un entrepreneur, d'un enseignant ou d'un auteur, ou même de tout ce qui précède ! Demandez-lui ensuite quel groupe de personnes vous êtes destiné à atteindre ? Vous a-t-il appelé aux sans-abri, au marché, à l'église, aux jeunes, aux prisonniers, aux pasteurs, aux affamés ? N'oubliez pas de lui demander "quelle région votre sphère d'influence est destinée à atteindre". S'agit-il de communautés locales, d'États ou de nations ?" Dieu nous donne tout au long de notre vie des indices qui nous indiquent la direction de notre destin.

Faites attention à ce que le Seigneur dit lorsque vous posez ces questions importantes. Une fois que vous avez l'impression d'avoir entendu ce à quoi Dieu vous a appelé à faire, ÉCRIVEZ-LE ! Il se peut que vous ne soyez pas clair sur tous les détails tels que comment ou quand vous accomplirez votre but ou même comment vous le financerez. Comme nous l'avons vu précédemment, le plus souvent, vous n'aurez pas une vision complète. Prenez le temps d'écrire chaque pièce du puzzle lorsque vous la recevez. Habacuc 2 :2 dit : " L'Eternel répondit : « Ecris cette révélation, et grave-là sur les tablettes, écris-là clairement pour que chaque lecteur la lise couramment ". L'écrire est une étape très cruciale.

Un jour, je suis allé à une cérémonie de remise de prix aux organisations à but non lucratif. Cet événement était très important car personne ne célèbre les organisations à but non lucratif de cette manière, du moins, aucune à ma connaissance. L'événement a été conçu de manière à ce que vous puissiez dialoguer librement avec d'autres directeurs et personnes d'influence. Je me suis assise avec un groupe de personnes influentes, et nous avons chacun partagé ce que nous faisions pour aider les communautés locales et étrangères. Une joueuse de football professionnelle, en particulier, était très intéressée à en savoir plus sur mon engagement personnel auprès de la communauté des sans-abri que je servais. Elle a fini par s'éclipser..." Alors, de quoi avez-vous besoin, comment puis-je vous aider ? Jusqu'alors, j'avais nourri les sans-abri avec mes propres finances, pendant les années précédentes, et je n'avais pas de plan de succession viable au-delà de cela. Il va sans dire que j'étais abasourdi. Sans plan, j'ai perdu une excellente occasion de partenariat, de financement et de soutien. J'espère que vous comprenez l'importance de mettre par écrit cette vision. Lorsque vous avez un plan, vous avez un guide pour que d'autres puissent vous accompagner par le biais de partenariats, de collaborations et de prières. Votre plan sert de plan directeur pour que les autres comprennent clairement votre vision. J'ai écouté une interview des pasteurs Steven Furtick et T.D. Jakes, et on a demandé au pasteur Jakes comment il a accompli toutes les choses étonnantes qu'il a faites dans sa vie. Jakes a expliqué que chaque animal a un mécanisme de défense et qu'il était curieux de savoir ce que Dieu nous a donné. Dieu lui a dit : "Je t'ai donné un cerveau !" [14] Nous avons une opportunité incroyable de créer avec Dieu. Jakes a également expliqué que "Dieu fait des arbres et c'est à nous de faire des tables, des chaises et des meubles ! Nous abandonnons trop facilement parce que nous ne savons pas comment Dieu œuvre. Jakes a dit que nous prions, prions et prions pour des tables et des chaises, et puis nous sommes déçus quand il nous donne des arbres" [15]. Dieu désire une relation, et il a tant à partager avec nous, à développer en nous et à nous enseigner. Cherchez-Le pour le destin qu'il a placé en vous depuis le commencement. Toutes choses ont été préparées pour vous afin que vous puissiez y marcher.

Je me souviens de la fois où il m'a montré une partie étonnante de ce à quoi mon destin ressemblerait. J'étais bouleversé, mais dans le bon sens du terme ! Avez-vous déjà ressenti de la joie, de la nervosité et de l'excitation en même temps ! J'avais l'impression que j'allais exploser, et je n'en pouvais plus ! Puis il m'a doucement murmuré : "Ce que je t'ai montré n'est qu'une vis dans le stade Kauffman ! Le Kauffman Stadium est l'endroit où les Kansas City Chiefs jouent au football. Dieu sait tout de vous jusqu'au moindre détail. Je vivais à Kansas City, dans le Missouri, au moment où Dieu m'a fait cette révélation impressionnante sur mon avenir. Il disait que tout ce qu'il venait de me dire, qui me semblait incompréhensible et accablant, n'était qu'une pièce finie du puzzle de son plan pour ma vie. Imaginez une seule vis par rapport à un stade de football entier et tous les matériaux nécessaires pour construire le stade ! Je partage cela avec vous pour vous faire savoir que Dieu a un avenir étonnant déjà prévu pour vous !

Changez votre pensée !

Je sais qu'il peut être difficile en ce moment de voir les pièces du puzzle de votre vie s'assembler. Je vous encourage à prendre une grande respiration, à regarder les pièces du puzzle que vous avez peut-être dans votre main en ce moment. Pouvez-vous voir ces pièces s'insérer dans votre destin ? Si oui, comment ? Ç'est peut-être une leçon que vous êtes en train d'apprendre. Ç'est peut-être la découverte d'une chose qui vous passionne, d'une personne qui a les outils, les informations ou les compétences pour vous propulser vers les prochaines étapes de votre destin. Examinez en profondeur les éléments qui vous entourent et recherchez leur signification. Certains éléments peuvent ne pas être compris à ce moment précis, tandis que d'autres auront une utilité immédiate.

Notes

Chapitre 11

DE L'ORDINAIRE À L'EXTRAORDINAIRE

Quand j'étais jeune, j'étais si aventureuse et audacieuse. Je me souviens que j'avais environ trois ans et que je faisais un poirier. Ma mère parlait au téléphone, elle m'a vu du coin de l'œil et a rapidement couru pour me retourner sur le côté droit. Au fil de ma vie, il semblait avoir pris le meilleur de moi ; les soucis de la vie étouffaient mon désir d'aventure. Et vous ? Y a-t-il des moments de votre enfance ou d'autres moments de votre vie qui vous semblent insaisissables, des moments d'aventure, de courage ou même de liberté ? Devinez quoi, la petite fille qui était courageuse, aventurière, joyeuse, curieuse est toujours en vous. Juste un instant, pensez à un moment avant que la vie ne s'écrase, avant que votre innocence ne soit perdue et demandez à Dieu de découvrir à nouveau ces vertus en vous.

L'extraordinaire au milieu du gâchis

Je partage cela avec vous parce que je sais que les plans de Dieu pour vous sont EXTRAORDINAIRES. Il veut que vous passiez d'une vision ordinaire à une vision EXTRAORDINAIRE ! Il a toujours utilisé ceux qui étaient sans prétention pour faire des choses étonnantes. Jetons un coup d'œil à certaines de leurs vies. David, que nous avons mentionné à plusieurs reprises tout au long de notre voyage, était un adultère, un menteur et un meurtrier. Il a vu une femme mariée se baigner, étant sur son toit, l'a désirée et l'a mise enceinte. Il a ensuite essayé de cacher l'affaire et a fait revenir son mari de la guerre, pour qu'il couche avec sa femme, mais le soldat, Urie, n'a pas voulu. Urie était un homme honorable et estimait qu'il n'était pas juste pour lui d'endurer le plaisir de sa femme pendant que le reste de ses hommes se battaient au combat (2 Samuel 11 :8-17 LS). Enfin, la dernière tentative de dissimulation de David fut de faire reculer l'armée, laissant Urie sans protection pendant la guerre. Urie a été tué. David a peut-être caché son péché à Urie, mais rien n'est jamais caché à Dieu. David a finalement dû faire face aux conséquences de son péché, par la mort de son fils. Dès sa jeunesse, David était destiné à devenir roi, à dix-sept ans, il fut en fait oint comme prochain roi. Cependant, pendant son attente, beaucoup de choses se sont passées, dont certaines dont il n'était pas très fier. La leçon importante à retenir ici est qu'il était plein de remords et repentant pour ce qu'il avait fait. Dieu est si miséricordieux et indulgent qu'il appelle David la prunelle de ses yeux (Psaumes 17 :8 LS). Dieu s'est servi de David pour faire des choses extraordinaires sur cette terre malgré ses erreurs, et son héritage continue de vivre aujourd'hui. Je veux un héritage positif qui continue à vivre pendant des milliers de générations ou au moins jusqu'à ce que la terre cesse d'exister.

L'Éternel se souvint d'elle

L'histoire d'Anne est un peu différente de celle de David, en ce sens qu'elle a été frappée par la stérilité. Anne ne pouvait pas avoir d'enfant, ce qui, au temps de la Bible, était comme avoir une maladie, ne pas avoir d'enfant était très humiliant. Elle avait le cœur tellement brisé qu'elle est restée au temple à prier pour un enfant, jusqu'à ce qu'elle n'ait plus de mots. Le prêtre de l'époque l'a même accusée d'être ivre. Dieu, qui voit et sait tout, l'a bénie en lui donnant trois fils et deux filles. Elle était considérée comme une paria parce qu'elle était stérile ; la société ne l'aurait jamais considérée comme une femme extraordinaire. 1 Samuel 1 :19 explique : " Et ils se levèrent de bonne heure le matin, et se prosternèrent devant l'Éternel ; et ils s'en retournèrent et vinrent dans leur maison, à Rama. Et Elkana connut Anne, sa femme ; et l'Éternel se souvint d'elle. ". Ce qui a attiré mon attention en lisant cette histoire, c'est le fait que le Seigneur s'est souvenu d'elle. Vous n'avez peut-être pas un ventre stérile, comme Anne, mais vous pouvez être confronté à la stérilité dans différents domaines de votre vie. Tout comme Anne, Dieu veut remplir le ventre de votre vie de bonnes choses, de fécondité. Anne n'a pas seulement eu un enfant, elle en a eu cinq ! Son premier enfant, Samuel, est devenu un grand juge dans la bible ! Dieu ne t'a pas oublié ; en fait, Il a prévu des choses spécifiques pour toi dont tu ne sais rien ! J'appelle ces moments, des moments soudain surnaturels. Les événements soudain surnaturels sont ce que je définis comme des choses qui se produisent de manière totalement inattendue et inexplicable. Ces moments sont des interventions divines, du moins c'est ainsi que je le vois. Dieu veut toujours nous surprendre avec une vie pleine d'aventures. Je veux élever votre niveau d'espoir et d'attente. Je comprends que vous avez peut-être été coincés dans des cycles négatifs et même stériles dans votre propre vie, mais Dieu veut accroître votre foi aujourd'hui et vous faire passer de l'ordinaire à l'extraordinaire.

Votre situation actuelle ne dicte pas le reste de votre vie. Je me souviens d'une femme qui a rencontré Jésus au puits. Une femme samaritaine est venue au puits pour puiser de l'eau à une époque où le puits était habituellement à l'abri des foules. La femme avait été mariée cinq fois et, la personne avec laquelle elle vivait à ce moment précis n'était pas son mari (Jean 4 :4-42 SEMEUR). À cette époque, les tensions raciales étaient fortes entre les Juifs et les Samaritains, il était interdit à un seul homme Juif de parler avec une Samaritaine, surtout si elle était mariée plusieurs fois. Jésus n'était pas intimidé par les chefs religieux de l'époque, ni ému par les circonstances actuelles. Il a vu et satisfait son besoin de relation. La femme Samaritaine est mentionnée ici parce que vous pouvez vous sentir indigne d'entrer dans la vie extraordinaire que Dieu vous réserve. Puis-je vous dire que Jésus s'est rendu au puits à cette époque de manière intentionnelle ? Vous voyez, personne n'est allé au puits à ce moment-là parce que la chaleur de la journée était insupportable, et alors que la Samaritaine avait prévu d'aller chercher son eau sans être détectée, Dieu avait l'intention de combler son besoin. Oui, Dieu a un plan pour votre vie, mais il veut aussi répondre à votre besoin, à tel point qu'il viendra intentionnellement là où vous êtes pour combler les zones de guérison, de manque, de honte, tout comme il l'a fait pour la Samaritaine. Il vous fait entrer dans une vie extraordinaire, un jour à la fois.

Il y en avait d'autres dans la Bible comme Rahab, une prostituée qui ne savait rien de la foi chrétienne mais qui avait entendu des histoires sur le Dieu des Israélites et comment il leur avait donné la victoire sur leurs ennemis. Rahab avait commencé à croire à ces histoires, et lorsque Josué, chef des Israélites, a envoyé des espions pour surveiller son pays, elle les a cachées et les a protégées de la capture (Josué 2 SEMEUR). Elle et sa famille ont été sauvées grâce à la protection des espions. Rahab a cru aux histoires de Dieu, elle et sa famille ont été sauvées. Dieu fait toujours quelque chose de très spéciale, elle a également été placée en plein milieu de la lignée de Jésus, elle est devenue une partie de la lignée royale ! Elle a fini par être l'arrière- grande- mère, grand-mère de Jésus, enfin je ne sais pas combien de grands-mères. Rahab est passée de façon extraordinaire d'un milieu générationnel négatif à la même famille que Jésus. Souvent, nous négligeons l'impact que notre vie a sur les autres ou même l'impact potentiel que nous pouvons avoir en remplissant intentionnellement notre vocation. Il y a tellement de choses en vous qui n'ont pas encore commencé à être réalisées, je vous encourage à dépasser les obstacles et à commencer à faire la transition vers ce pour quoi vous avez été créés sur cette terre ! Une jeune fille nommée Esther n'avait aucune idée qu'elle allait avoir un impact dans son monde et au-delà, mais elle a relevé un défi de taille. Elle nous donne un aperçu de ce que cela représente de commencer à voir son destin se réaliser.

> *L'obéissance d'Esther a sauvé sa nation*

Esther était une orpheline prise en charge par son oncle Mardochée. Quand un appel est apparu, indiquant que le roi cherchait une reine, la faveur du Seigneur s'est portée sur Esther, et après un long processus de purification, Esther a été choisie par le roi pour être sa nouvelle reine (Le Livre d'Esther, LS). Je dois dire qu'Esther était très jeune, et elle n'avait pas vraiment le choix de vouloir ou non être la reine. Le décret royal a été publié et, à la manière d'une dictature, ce que le roi voulait a toujours été accordé. Même aujourd'hui, le Seigneur est appelé l'Alpha et l'Omega, ce qui signifie le début et la fin. Il connaît tous les rebondissements que nos vies prendront, même les plus négatifs que nous créons par nos choix. Dans la vie d'Esther, un plan se préparait pour sauver une nation, dont elle ne savait rien. Haman, le méchant général du roi, a exigé que tout le monde se prosterne pendant qu'il traversait la ville. Le fait que Mardochée ne voulait pas se prosterner et vénérer

Haman l'a vexé. Mardochée était un disciple de Dieu et ne voulait pas adorer ou mettre quelqu'un devant Dieu. Haman était tellement en colère qu'il conçut un complot diabolique pour anéantir tous les Juifs ! Il a convaincu le roi de signer un décret contre les Juifs pour les anéantir. Mardochée est allé voir Esther et lui a expliqué le complot diabolique d'Haman contre les Juifs, et lui a dit ceci : " Mais si tu te tais entièrement en ce temps-ci, les Juifs respireront et seront délivrés par quelque autre moyen ; mais vous périrez, toi et la maison de ton père. Et qui sait si tu n'es point parvenue au Royaume pour un temps comme celui-ci ? " Esther 4 :14 MARTIN. Je ne sais pas comment vous vous sentiriez si vous étiez Esther, mais je peux dire que ce serait comme le poids du monde sur mes épaules.

Votre vie était destinée à être remplie de choses extraordinaires

Ici, elle était orpheline et Dieu l'avait extraordinairement placé à une position élevée dans le Royaume pour sauver toute sa nation ! Esther devait risquer sa vie pour obtenir une audience avec le roi. À cette époque, la coutume voulait que lorsque vous alliez devant le roi, s'il ne vous tendait pas le sceptre royal, vous étiez tué sur le champ. Gardez à l'esprit que le roi n'avait pas appelé Esther depuis 30 jours, et qu'elle ne savait donc pas s'il voulait la voir ou non. Le roi a reçu Esther, et elle a pu, grâce à la sagesse de Dieu, dévoiler le plan diabolique d'Haman. Le roi fit tuer Haman et toute sa famille et publia un décret selon lequel les Juifs pouvaient se protéger contre l'attaque d'Haman. Les Juifs l'emportèrent parce qu'Esther prit un risque et marcha dans le plan que Dieu avait pour sa vie depuis le début des temps ! Vous n'êtes peut-être pas orphelin, mais Dieu vous a spécifiquement envoyé dans un travail, un projet ou une mission pour une période aussi longue que celle-ci. Vous connaissez peut-être une tâche particulière que vous devez accomplir et qui est cruciale et qui changera des vies ! Son obéissance à l'objectif a sauvé toute sa nation, ce qui rappelle Martin Luther King, Nelson Mandela, Sophia DeBryun et tant d'autres qui ont accepté le défi de marcher vers leur destin. Prenez un moment pour faire le tour de votre vie, pour voir dans quelles circonstances vous avez été stratégiquement placé pour faire une différence, apporter un changement, ou même sauver des vies. Accepterez-vous votre mission ? Peu importe la situation dans laquelle vous vous trouvez, Dieu a un plan extraordinaire pour votre vie depuis le début !

Un coup d'œil sur mon extraordinaire

D'aussi loin que je me souvienne, j'ai toujours aimé les poupées Barbie. J'avais la Corvette, Ken, le petit ami Barbie, l'hôtel Barbie, les vêtements et tout ce qui avait un rapport avec Barbie. Comme la plupart des filles, je rêvais d'un merveilleux mariage et d'un mariage plein de bonheur ! Rien de tout cela ne me préparait à un divorce et à la réalité de ce à quoi ma vie ressemblait. Peu importe à quoi les choses peuvent ressembler, cela ne change pas ce que Dieu avait en tête pour vous depuis le début. Dieu a un plan pour vous faire passer de l'ordinaire à l'extraordinaire, en faisant des choses spectaculaires en cours de route ! Après avoir traversé toute la douleur et le rejet, j'en avais fini, complètement fini d'essayer de trouver qui était pour moi Monsieur la bonne personne. J'étais loin de me douter que le plan de Dieu était sur le point de passer à la vitesse supérieure ! Pour ceux qui ne me connaissent pas, je suis une romantique pleine d'espoir, oui pleine d'espoir. Je sais qu'on dit normalement que je suis une romantique sans espoir, mais j'ai toujours eu l'espoir que Dieu fasse quelque chose de précis dans ma vie. Je suis celle qui regarde ces histoires de mariage comme "Dites oui à la robe", où les mariés tombent profondément amoureux et vivent heureux pour toujours. Je sais que vous secouez peut-être la tête en disant que cela n'arrive jamais et oui, je le pensais aussi, mais j'aimais l'idée de tout cela.

Saviez-vous que Dieu vous donnera les désirs de votre cœur ? En fait, Il place ces désirs dans votre cœur pour les réaliser, surtout quand vous ne vous y attendez pas ! Il l'a fait pour moi... Il nous a réunis, mon mari et moi, dans un voyage qu'il a payé de façon inattendue, dans un pays complètement différent ! Vous vous demandez sans doute où mon espoir de devenir une romantique entre en jeu dans tout cela, eh bien il m'a donné un conte de fées romantique que lui seul pouvait imaginer, connaissant parfaitement mon cœur. Mon mari et moi nous nous sommes rencontrés au Cameroun, oui le Cameroun, un pays d'Afrique, nous avons parlé que pendant environ cinq minutes ; nous nous sommes contactés via Facebook et avons planifié le mariage six mois plus tard au Cameroun sans argent ! Ç'était une aventure, une onction, un miracle et cela m'a beaucoup appris sur l'amour que Dieu me porte au point de me donner un mariage de conte de fées romantique comme je n'aurais jamais pu en rêver. Maintenant, en y repensant, je me dis que j'aurais regardé un film comme celui-ci, Dieu est dans tous les détails de notre vie ! Il adore planifier des surprises surnaturelles étonnantes rien que pour vous !

Je partage tout cela avec vous pour élever votre foi, votre vie était censée être pleine de choses, de lieux, de personnes et de rencontres extraordinaires avec Dieu ! Vous devriez peut-être vous débarrasser de vos mauvais comportements et en subir les conséquences, vous devriez peut-être prier et demander une stratégie pour sortir de la stérilité. Il se peut même que ce soit la saison pour rompre les relations malsaines qui vous empêchent d'atteindre votre but. Il se peut même que vous devriez prendre des risques en Dieu pour être catapulté dans l'extraordinaire. Où que vous en soyez dans la vie, Dieu veut vous faire passer de l'ordinaire, fonctionnant à un niveau inférieur à celui pour lequel vous avez été créé, à l'extraordinaire, se déplaçant dans ce que Dieu a voulu que vous fassiez et soyez depuis le début des temps !

Changez votre pensée !

Je crois qu'il est temps, votre temps de vous lever. Faites un pas à la fois et commencez à vivre votre meilleure vie, celle qui a été conçue pour vous depuis le début des temps. Prenez le temps de réfléchir à votre vie telle qu'elle est en ce moment. Remplissez-vous votre destin ? Est-ce l'héritage que vous voulez laisser sur cette terre ? Y a-t-il quelque chose que vous n'avez pas encore accompli ? L'extraordinaire est plus proche que vous ne le pensez... essayez de l'atteindre ! Penchez-vous entièrement vers Dieu et interrogez-le sur votre destin. Je vous promets qu'Il vous montrera ce qu'Il avait en tête pour vous, depuis le début.

Notes

Chapitre 12

CACHÉ À LA VUE DE TOUS

Avez-vous l'impression que le monde ne vous remarque même pas ? Que vous n'avez pas de voix ? Que vous avez tant de choses en vous, mais qu'il n'y a pas d'opportunité de partager, pas de plateforme, personne ne veut vous écouter ? Si ç'est le cas, ne vous découragez pas, votre destin est en train de se dessiner ! J'avais l'impression que les emplois 9 à 5 n'étaient pas pour moi, et pourtant, ç'est le cas ! Je n'ai pas été créé pour travailler pour quelqu'un d'autre. J'ai ressenti cela en ne sachant pas ce que j'allais faire ou être sur cette terre. Devinez quoi, ç'est bien de ne pas rentrer dans le moule sociétal générique. En fait, je pense que ç'est génial si vous ne vous intégrez pas ! Il y a des moments où vous savez qu'il y a de la grandeur en vous, mais vous ne pouvez même pas commencer à articuler ce que ç'est, sans parler de la façon de la faire sortir de vous. Dieu sait très certainement qu'il vous a conçu pour la grandeur. Cependant, personne d'autre ne semble le remarquer ! Vous n'êtes pas seul. Ecclésiaste 3 :1 LS explique : "A toute chose sa saison et un temps pour chaque but sous le ciel".

Cela nous explique essentiellement qu'il y a un moment précis pour tout, un moment où les choses sont censées commencer et se terminer. Une mère porte son enfant pendant neuf mois, si l'enfant naît avant la gestation normale, il pourrait y avoir un danger important pour l'enfant et la mère. La science a expliqué qu'il existe trois stades de développement différents appelés trimestres, au cours desquels une croissance importante a lieu. Chaque phase de développement est critique et se concentre sur des organes spécifiques du bébé en croissance, à des moments précis.

Une grande partie de notre temps dans la clandestinité est en fait consacrée à la préparation

Il y a d'autres exemples comme lorsque Dieu a créé la terre, il l'a créé pendant six jours et s'est ensuite reposé pendant le septième jour comme expliqué à l'ouverture de ce livre. Il n'a pas continué à créer pendant des milliers d'années. En fait, une fois qu'il a déterminé que ce qu'il avait fait était bon, Il nous a alors donné l'autonomie pour créer ! Si vous prenez un moment pour réfléchir au monde dans lequel nous vivons, pratiquement tout est régi par le temps. Nos réunions, nos horaires de travail, nos anniversaires, pour n'en citer que quelques-uns. Il devient alors logique qu'il y ait un temps pour que nous commençons à accomplir extérieurement ce pour quoi nous avons été conçus sur cette terre.

Dieu a une façon de vous garder "caché" pour vous traiter et vous préparer à l'objectif pour lequel il vous a créé. Si nous considérons attentivement un enfant en pleine croissance, en tant que parents, nous le protégeons littéralement pendant dix-huit ans de sa vie (parfois plus) jusqu'à ce qu'il soit suffisamment mature pour vivre seul. Nous lui donnons des leçons de vie pour le préparer à la phase suivante de sa vie, jusqu'à ce qu'il sorte dans le monde en faisant face à la vie par lui-même. Ce temps leur permet de passer par des situations dans lesquelles ils apprennent des leçons étonnantes de pardon, de leadership et d'intégrité qui les préparent aux relations futures qu'ils rencontreront et aux défis qu'ils pourraient rencontrer. Il en va de même pour nous, pendant le temps de notre traitement, nous apprenons des choses sur le voyage qui nous préparent à la destination que nous allons prendre. Souvent, nous devenons un peu anxieux et nous nous sentons prêts alors que nous n'avons aucune idée de ce qui doit se développer à l'intérieur avant d'être prêts à être projetés dans le destin que Dieu a prévu pour nous.

Une grande partie de notre temps dans la clandestinité est en fait consacrée à la préparation, au processus et à la protection. Le ministère de Jésus a duré trois ans ; cependant, les trente années qui ont précédé le début de son ministère ont été consacrées à la préparation. Si Jésus a dû se préparer pendant si longtemps, nous ne sommes pas exempts de préparation. Jésus se préparait déjà à l'âge de douze ans pour ce qu'il ne commencerait pas avant d'avoir trente ans. Cependant, à l'âge de douze ans, il a été séparé de ses parents, et ils l'ont cherché pendant trois jours. Quand ils l'ont finalement trouvé, il enseignait au Temple, et sa réponse à ses parents était qu'il devait s'occuper des affaires de son Père. (Luc 2 :44-49 LS) Ce n'était pas logique si Jésus savait à ce moment-là tout ce qu'il allait endurer ; cependant, il était évident pour lui qu'il avait un destin spécifique à accomplir. Nous voyons qu'il était plus concentré sur la volonté de son Père céleste que sur sa propre volonté, même à un jeune âge. Jésus passa ses années à toucher les gens, à supporter les critiques des leaders religieux, à remettre de l'ordre dans ce qui avait été un chaos, à changer la vie de beaucoup, à guérir les malades et à enseigner une nouvelle façon de vivre. En tant qu'homme, il avait besoin de force pour supporter tous les rejets auxquels il était confronté de la part des leaders religieux qui haïssaient sa popularité, de ceux qui critiquaient son autorité, de ceux qui ne croyaient pas en lui, et même de ceux qui le trahissaient. Son voyage l'a préparé et renforcé pour le voyage vers la croix et l'agonie qu'il allait affronter sur la croix.

Les saisons de processus et de préparation peuvent sembler frustrantes, mais croyez-moi, le moment choisi par Dieu est le meilleur. Je n'ai pas toujours eu cette impression, j'ai dû mûrir pour vouloir la volonté de Dieu plus que la mienne. Maintenant, je dis : "Dieu, si je ne suis pas prêt, s'il te plaît, ne m'envoie pas dehors pour mourir ! Je préfère être traité, préparé, mûri et prêt à tes yeux avant de passer à l'étape suivante". Certains d'entre nous se comportent comme des adolescents ; ils ont toujours l'impression de vouloir se débrouiller seuls et croient qu'ils savent tout ce qu'il faut pour être adulte. La vérité, c'est qu'ils n'ont aucune idée de ce qui les attend pour les dévorer !

Le processus qui va de l'utérus à l'objectif peut sembler long et tumultueux. Croyez-moi, vous aurez besoin de chaque élément de ce que vous avez vécu, des erreurs que vous avez commises, des leçons que vous avez apprises et de la sagesse que vous avez acquise pour vous aider à accomplir ce pour quoi vous avez été créé. Pour atteindre les hauteurs auxquelles Dieu veut vous conduire, vous devez aller en profondeur et prendre le temps de construire une base solide. Pour moi, cela a été illustré lors de la démolition du bâtiment Wells Fargo en face de mon précédent emploi. Ils ont creusé profondément dans le sol pendant des mois jusqu'à ce que finalement ils ont arrêté. Il semblait qu'ils pouvaient faire tenir une petite ville dans ce gouffre ! De mon point de vue, je pouvais tout voir, je les ai regardés construire un réseau très détaillé de barres de fer avant même qu'ils n'aient versé un iota de ciment. Niveau par niveau, ils ont continué à ajouter des étages au bâtiment. Je comprends maintenant qu'en prévision de la capacité, de la hauteur et de la résistance du bâtiment, la profondeur et les détails complexes des barres de fer étaient nécessaires pour qu'une bonne fondation puisse soutenir la hauteur qu'elle atteindrait. Dans ce voyage, nous devons nous bâtir correctement. Descendre au plus profond de Dieu, par l'abandon, la prière, le jeûne et la lecture de sa Parole, qui nous permettra de porter le poids de notre destin.

Le vieux dicton "la patience est une vertu" est si crucial. Si vous n'avez pas développé la maîtrise de soi ou la discipline en Dieu, cette saison d'attente sera particulièrement difficile pour vous. Lorsque nous sommes cachés dans une saison de préparation, il y aura des moments où tout en nous voudra aller de l'avant pour atteindre notre but. Que ce soit votre avertissement, n'avancez pas avant de savoir sans l'ombre d'un doute que son heure est venue. Le temps de la prière se prêtera à des confirmations de Dieu et ouvrira des portes qui sont des signaux que vous allez dans la bonne direction. Aussi gênant que cela puisse paraître, le rejet peut aussi parfois être un signal. Je me souviens qu'à une certaine époque de ma vie, je me suis retrouvé sans amis proches, j'ai réalisé plus tard que Dieu vous mettrait en relation avec des personnes spécifiques qui vous aideraient dans votre voyage ; cependant, tout le monde n'est pas censé vous accompagner dans l'accomplissement de votre destin. Un alignement correct est vital, connectez-vous avec le Saint-Esprit et ne prenez pas le rejet personnellement, même si ç'est une tâche difficile ! Cherchez Dieu pour qu'il vous guide dans tous les domaines de votre vie. Le Saint-Esprit, comme mentionné précédemment, vous conduira dans toute la vérité. Prenez votre temps ; la promotion vient de Dieu.

Changez votre pensée !

La patience est une vertu, utilisez-la ! Ce n'est pas le moment de se lancer, rappelez-vous que vous n'avez jamais été comme ça auparavant. Jamais dans le parcours de votre vie vous n'avez été à l'endroit où vous êtes maintenant, cherchant de tout cœur le Seigneur pour votre destin. Chaque sacrifice et chaque abandon obéissant vous rapproche de votre destin. Attendre la confirmation pour passer à l'étape suivante, peut sembler ridicule et même stérile ; néanmoins, je vous invite à être patient. Vous saurez quand le moment sera venu. Reconnaissez les moments de votre vie où vous avez avancé et où le moment n'était pas opportun. En apprenant de nos erreurs, nous pourrons voir comment naviguer la prochaine fois afin de continuer à avancer.

Notes

Chapitre 13

ENCOURAGEMENT POUR LES ÉPUISÉES

Il y aura des moments au cours de votre voyage où il vous faudra tout ce qu'il faut pour sortir de votre lit, sans parler de sauver le monde, de sortir de votre but ou même de nettoyer la cuisine ! Ç'est normal, Jésus lui-même était parfois fatigué en accomplissant son but. Nous sommes humains et nous connaîtrons la lassitude, la tristesse, la colère et d'autres émotions tout au long du chemin. Je crois vraiment que les chrétiens se laissent souvent prendre à être trop spirituels. Notre réponse aux obstacles qui se dressent sur notre chemin est la clé de la réussite de notre voyage. Alors oui, vous serez, à un moment ou à un autre, créé d'une manière étrange et admirable ET fatigués ! La Bible nous explique que " Mais nous avons ce trésor dans des vaisseaux de terre, afin que l'excellence de cette force soit de Dieu, et non pas de nous." (2 Corinthiens 4 :7).

Le vase en terre représenté ici est une jarre d'argile, qui, si vous connaissez un peu la poterie, vous savez qu'il est très délicat. Pendant le processus de fabrication du vase, la température du four lors de la cuisson doit être juste, il doit être manipulé avec précaution car il se fend très facilement. En dépit de notre nature fragile et délicate, Dieu a placé un trésor en nous. Ce trésor est sa puissance, sa force, son autorité, sa compassion, sa résilience et bien d'autres choses encore. Il y a des choses que nous ne pourrions même pas essayer de faire sans son précieux trésor, par exemple, nous ne pourrions pas pardonner ou même nous aimer les uns les autres sans son trésor, notre aide, le Saint-Esprit en nous.

Les exemples de VICTOIRE

Jésus a surmonté les obstacles, les tentations et la lassitude

Jésus, lorsqu'il était sur cette terre, était pleinement Dieu et pleinement homme (Hébreux 2 :14-18) ; pourtant, il avait besoin de ce trésor pour l'aider à accomplir son dessein. En fait, la Bible explique clairement que lorsqu'il est allé se faire baptiser par Jean-Baptiste, la colombe est descendue sur lui. La colombe dans la Bible représente le Saint-Esprit, qui est notre aide, comme nous l'avons vu précédemment (Luc 3 :22 LS). Pendant le voyage de Jésus, il a également été tenté à tous les niveaux (Hébreux 4 :15 DARBY), mais il était sans péché. Nous voyons Jésus lorsqu'il a été conduit dans le désert et qu'il y a jeûné (sans nourriture) pendant 40 jours, Satan l'a tenté. Il a été vaincu par la Parole de Dieu. Il a vécu beaucoup de choses tout au long de sa vie sur terre. La nuit précédant sa trahison et sa crucifixion, il a demandé que la "coupe" de souffrance lui soit ôtée, puis il a dit néanmoins "que ta volonté" (la volonté de Dieu) soit faite (Luc 22 :42 DARBY). Il disait que s'il y avait un autre moyen d'éviter cette souffrance, il fallait la lui enlever. Ç'est ce que nous disons souvent lorsque nous sommes confrontés à des épreuves et des difficultés dans notre vie. NOUS VOULONS FUIR ! Il disait alors : "Je veux toujours ta volonté, Seigneur, au-dessus de la mienne". Au cours de son voyage, Jésus a surmonté les obstacles, les tentations et la lassitude par la Parole. Ç'est une leçon pour nous. Nous pouvons surmonter des situations difficiles en y répondant comme la Parole nous l'enseigne, en gagnant en force par la prière et la compréhension profonde de la Parole ainsi que par l'utilisation de la Parole pour détruire les mensonges de l'ennemi qui viennent nous détourner de notre but.

Dans notre vie, il y aura des problèmes que nous ne voulons pas particulièrement affronter pour diverses raisons. Nous pouvons en voir plusieurs autres exemples dans la Bible. Un homme nommé Elie avait pris en charge et vaincu une méchante reine nommée Jézabel et tous ses faux dieux de Baal. Après qu'il eut triomphé et prouvé que Dieu était plus grand que tous les faux dieux (1 Rois 18 :18-40 LS), il fut menacé par Jézabel et succomba à la peur. Il a fui cette région, et nous trouvons Élie dans le désert de Beersheba (1 Rois 19 :1-8 LS) fatigué, effrayé et prêt à abandonner. Si vous avez été confronté à une série de difficultés consécutives, vous êtes peut-être épuisé ! Jézabel et son mari Achab ont fait des ravages pendant des années durant leur règne en tant que roi et reine en Israël de 874 à 853 avant Jésus-Christ, elle est ensuite restée en vie jusqu'en 843 avant Jésus-Christ. La réponse de Dieu à la lassitude d'Élie a été d'envoyer l'ange du Seigneur pour le fortifier avec de la nourriture et lui ordonner de se reposer (1 Rois 19 :5-8 LS). Alors que nous remplissons notre objectif, nous devons être très intentionnels dans la façon dont nous le poursuivons. Le repos, le fait de suivre la direction du Seigneur et la sagesse sont les clés essentielles du succès en cours de route.

Il y a eu des moments sur mon chemin vers l'accomplissement de mon destin où j'ai moi-même été fatigué, épuisé et émotionnellement vidé. D'une part, le voyage a été très long pour moi, et il y a eu des moments où j'ai voulu abandonner, des moments où j'ai senti que tout ce que je pouvais faire était de murmurer doucement, merci, Jésus ou aide-moi, Jésus. La Bible parle de tenir ferme lorsque vous avez fait tout ce que vous pouviez pour tenir ferme. À un moment donné, vous atteindrez un endroit où vous ne savez plus quoi faire, Dieu peut même vous sembler silencieux. La Bible nous aide à nous préparer à affronter les obstacles qui peuvent entraver notre voyage. Ephésiens 6 :13 DARBY explique : " Ç'est pourquoi prenez l'armure complète de Dieu, afin que, au mauvais jour, vous puissiez résister, et, après avoir tout surmonté, tenir ferme ".

Le fait d'être debout nous aide à maintenir le territoire que nous avons déjà conquis sans en donner aucune partie à l'ennemi. Préparez-vous dans la parole, en revêtant toute l'armure de Dieu et en restant ferme même en cas de lassitude. Quand j'étais sur le point d'entrer dans le lieu de destination que j'avais attendu des années, je me suis transformé en personne debout, je faisais face à tant de choses, que tout ce que je pouvais faire était de me tenir debout. Je me préparais à quitter la ville pour un voyage surprise que le Seigneur avait ordonné depuis le commencement. Dieu me ramenait dans l'état où j'étais né. A mon insu, il voulait prononcer sur moi qui il m'avait créé pour être ... Avant de partir pour le voyage, j'étais mentalement et émotionnellement épuisé. Mon mari priait pour moi, et Dieu m'a parlé et m'a dit : "Le destin s'accomplit !" Ç'était incroyable. Il m'a fortifiée grâce à une rencontre extraordinaire au cours de ce voyage et m'a encouragée en me disant que le long voyage d'attente était terminé.

Protection contre le surmenage

Parfois, la lassitude peut venir du fait que nous essayons de faire les choses à notre manière. David était très enthousiaste à l'idée de faire en sorte que la présence du Seigneur, qui habitait dans l'Arche de l'alliance, soit ramenée à Jérusalem. Cependant, David n'a pas consulté le Seigneur ni même lu la Torah pour savoir comment le transport de l'Arche devait se faire. Sa première tentative a été ce que nous appellerions aujourd'hui un échec épique. Des années plus tard, David tente à nouveau de ramener l'Arche, cette fois-ci depuis la maison d'Obed-Edom. Obed-Edom savait quelque chose que David n'a pas réussi à trouver, lors de sa première tentative de déplacement de l'Arche. Vous voyez, Obed-Edom était un lévite dont la famille était portiers. Ils avaient été chargés par Dieu, par l'intermédiaire de leurs chefs, d'exercer un ministère dans le temple (1 Chroniques 26 :6-12 LS). Pour expliquer davantage, il y a longtemps, les Lévites ont été mis à part pour servir le Seigneur (Exode 3 :5-8 LS), ce qui signifie qu'ils avaient l'autorité de s'occuper des instruments du Temple, ceci est également un autre exemple de Dieu nous préparant à une destinée spécifique. Cela explique pourquoi la maison d'Obed-Edom a été bénie à l'époque où l'Arche de l'alliance était chez lui. (2 Samuel 6 :12 SEMEUR) David n'était pas un Lévite, et les hommes qu'il avait initialement chargés de délivrer l'Arche non plus ; le voyage a donc échoué. Lorsque nous essayons de faire les choses par nous-mêmes, nous nous épuisons. La Bible explique que la deuxième fois que David a tenté de déplacer l'Arche, il a cherché le Seigneur et a appris que seuls les Lévites avaient l'autorité pour accomplir cette tâche. " Alors David dit : L'Arche de Dieu ne doit être portée que par les Lévites, car

Recherchez la direction du Seigneur

l'Eternel les a choisis pour porter l'Arche de Dieu et pour en faire le service à toujours. " (1 Chroniques 15 :2 DARBY)

Sa deuxième tentative a été couronnée de succès car il a suivi le plan de Dieu. Un tel exemple montre pourquoi il est essentiel que nous restions dans nos propres voies. Beaucoup regardent souvent les autres et essaient d'imiter leurs succès. On ne vous a pas donné la grâce de marcher dans le sens de l'objectif particulier d'un autre individu ; par conséquent, vous vous êtes préparé à l'échec comme David l'a fait". Parce que vous n'y étiez pas la première fois, l'Eternel, notre Dieu, nous a frappés ; car nous ne l'avons pas cherché selon la loi. "(1 Chroniques 15 :13 DARBY)

David a amené l'Arche de l'alliance dans son deuxième voyage conformément aux instructions, au culte et au sacrifice de Dieu. Il fit en sorte que les Lévites, les porteurs ordonnés de l'Arche, l'emmènent à Jérusalem de la manière appropriée. La distance entre la maison d'Obed-Edom et Jérusalem n'était que de 12,5 milles soir 20,1168 kilomètres ; cependant, en révérence et en adoration à Dieu, David adorait le Seigneur et sacrifiait des animaux tous les six pas ! Lorsque vous commencez à vous engager dans une démarche, recherchez la direction du Seigneur, cela vous aidera à éviter de perdre du temps et d'être épuisé par des efforts qui seront finalement infructueux. Un de mes bons amis a fait un rêve à mon sujet, et dans ce rêve, il y avait des directions explicites que Dieu allait me donner. Il y avait des instructions précises et un avertissement du Seigneur selon lequel il avait un plan divin et je devais suivre ses plans avec précision. Même maintenant, j'entends une chanson qui joue dans mon oreille et qui dit simplement : "Je ne m'appuie pas sur ma propre compréhension, ma vie est entre tes mains, tu es le créateur du ciel !". Will Reagan a chanté cette chanson avec United Pursuit.

Il existe également une excellente version de Leon Timbo. Ne pas s'appuyer sur notre propre compréhension est également une instruction que Dieu nous a donnée, dans Proverbes 3 :5-6 (MARTIN) : "Confie-toi en l'Eternel de tout ton cœur, Et ne t'appuie pas sur ta sagesse ; Reconnais-le dans toutes tes voies, Et il aplanira tes sentiers".

Nous avons un ennemi qui cherche à perturber et à détruire complètement le plan de Dieu pour nos vies. La Bible dit que "l'ennemi vient pour épuiser les saints". (Daniel 7 :25) La Bible explique également notre réponse : "Soyez sobres, veillez. Votre adversaire, le diable, rôde comme un lion rugissant, cherchant qui il dévorera.". (1 Pierre 5 :8) Je l'ai entendue une fois comme ceci : "L'ennemi nous traque et cherche les points faibles." Je ne sais pas pour vous, mais je suis une combattante. Quand j'ai entendu cette déclaration, cela m'a fait prendre une position de combattante ; ma réponse a été que Dieu renforce CHAQUE point faible en moi ! L'Écriture décrit clairement notre réponse. Nous devons être vigilants et sobres d'esprit. Dictionary.com définit la sobriété d'esprit comme "quelqu'un de sensé et de sérieux"... nous ne sommes pas ignorants des desseins de l'ennemi contre nous. (2 Corinthiens 2 :11 LS) Il est de notre responsabilité de faire notre part pour éviter ces pièges. N'oubliez pas de vérifier la source lorsque vous sentez la lassitude s'installer. Il peut être nécessaire de modifier votre approche ou de réorienter votre réponse. Pour être raisonnable, il faut se reposer au besoin pour éviter de s'épuiser. Lorsque nous disons oui au but de notre vie, nous avançons dans la victoire qui nous a déjà été acquise sur la croix, en faisant preuve de sagesse et en suivant la direction du Saint-Esprit.

Changez votre pensée !

Lorsque nous sommes fatigués, nous nous exposons à des erreurs, à de mauvaises réactions et à l'indécision. Ce n'est pas le moment d'être un ranger solitaire ! Les amis en qui vous pouvez avoir confiance sont les meilleures personnes à avoir dans votre vie ; ils vous encourageront, partageront leurs pensées et vous soutiendront quand vous serez faible. De plus, s'ils vous AIMENT, ils vous diront quand vous vous dirigez vers la destruction. Prenez le temps de vérifier les domaines de votre vie où vous pouvez vous sentir fatigué ou vulnérable ; demandez à Dieu de renforcer ces domaines. Veillez également à mettre en place des limites pratiques pour éviter la lassitude. Certaines de ces méthodes peuvent inclure, le repos, le fait de dire "Non" aux demandes des autres et quelque chose d'aussi simple que la planification de votre journée.

Notes

Chapitre 14

UN RICHE HÉRITAGE

Vous avez quelque chose à l'intérieur de vous qui a été placé là par votre Créateur, Dieu. Le monde a besoin de ce que vous avez ; cela peut être un livre, un service, un acte divertissant ou un nouveau système ou une nouvelle stratégie globale. Au début et tout au long de votre voyage, vous pouvez vous sentir non qualifié ou même avoir des doutes quant à l'acceptation ou à la viabilité de ce que vous avez à offrir. Croyez-moi, vous n'êtes pas le premier à avoir ces doutes. En fait, s'il n'y avait pas de sentiment d'incertitude, je dirais que vous ne rêvez pas assez grand. En général, si vous pouvez faire quelque chose sans une certaine dose de nervosité ou de sentiment d'être dépassé, ce n'est pas ce pour quoi vous avez été créé depuis le début des temps. Saviez-vous que vous pouvez avoir une certaine mesure de succès dans la vie ; cependant, ce pour quoi vous avez été créé nécessitera une lutte pour sortir du plus profond de vous ? Alors, à quoi sert tout cela ? Pourquoi avez-vous été créé et pourquoi tout cela est-il si important ? Pourquoi votre but est-il si important ?

Jetons un coup d'œil à la vie d'un homme appelé Josué. Il a succédé à Moïse, qui a été le sauveur du peuple de Dieu hors d'Égypte. Après la mort de Moïse, c'était à Josué de prendre la relève et de conduire le peuple dans la terre promise. Josué était un homme qui s'engageait dans son but, un nouveau destin. J'ai passé un été à lire tout le livre de Josué. J'ai lu comment Dieu a donné à Josué et aux enfants d'Israël des victoires surnaturelles, telles que la chute du mur impénétrable de Jéricho, la défaite surprenante de leurs ennemis, et enfin la prise de possession et la victoire dans la terre promise de Canaan (Le livre de Josué LS).

Un chemin vers la destiné

Les promesses de Dieu n'échouent JAMAIS

Alors que Josué commençait son mandat de chef des Israélites, je peux imaginer les nombreuses questions qu'il se posait. "Ces gens me suivront-ils comme ils ont suivi Moïse ?" "Ai-je ce qu'il faut pour nous mener à la victoire ?" "Moïse a mené avec un bâton ; je n'ai pas de bâton ?" "Cette première bataille semble impossible ; serais-je déshonoré dès le début ?" Il commençait une nouvelle ère. Personne n'avait jamais fait ce pour quoi il avait été créé pour faire. Dieu dans sa compassion commence dès le premier chapitre, en avertissant Josué que personne ne pourra s'opposer à lui, il encourage Josué à être fort et très courageux, il promet que comme il a été avec Moïse, il sera aussi avec Josué. Il donne même à Josué la fin de son histoire dès le commencement en disant : "car c'est toi qui mettras ce peuple en possession du pays que j'ai juré à leurs pères de leur donner !" (Josué 1 :6) Il encouragea en outre Josué à plusieurs reprises à ne pas avoir peur. Dieu ôta alors tout doute que les Israélites pouvaient avoir sur Josué, "Et l'Éternel dit à Josué : Aujourd'hui je commencerai de t'élever à la vue de tout Israël ;

afin qu'ils connaissent que comme j'ai été avec Moïse, je serai aussi avec toi". (Josué 3 :7)

Le Seigneur voulait que le peuple le vénère et qu'il soit assuré qu'il était avec Josué comme il était avec Moïse ! Le miracle que Dieu a accompli à travers Moïse, la division de la mer rouge pour que le peuple puisse traverser sur la terre ferme, était le même miracle qu'il a accompli à travers Josué au fleuve de Jéricho. Bien que la sortie d'Égypte ait été une victoire miraculeuse, le fait que les enfants d'Israël aient été capturés par les Égyptiens a déshonoré leur vie. Le roi d'Égypte était mort et un nouveau pharaon était monté au pouvoir, menacé par les Israélites. Il décida de les traiter avec perspicacité (Exode 1:10), leur imposant des conditions de travail extrêmement dures qui leur causèrent beaucoup de souffrances pendant leur captivité de 430 ans. (Exode 12 :40) Dieu a été si bienveillant qu'il a demandé un temps de circoncision. Au temps de la Bible, la circoncision était un gage de l'alliance que l'homme avait conclue avec Dieu. Aujourd'hui, nous circoncisons notre cœur, "coupant" les choses qui ne sont pas de Dieu, comme un signe que nous Le désirons au-delà de nos appétits. Après leur obéissance, Dieu a promis qu'il ôtait leur honte. " Et l'Éternel dit à Josué : Aujourd'hui j'ai roulé de dessus vous l'opprobre de l'Égypte. Et on appela le nom de ce lieu-là Guilgal, jusqu'à ce jour." Josué 5 :9, DARBY" Josué continua à vaincre Jéricho alors que Dieu détruisait miraculeusement ses murs par des actes d'obéissance radicale et une intervention miraculeuse. (Josué 1-6).

Le livre de Josué est une image des promesses de Dieu qui ne manquent jamais et de sa fidélité. Je crois que ce sont les promesses que Dieu a faites pour vous alors que vous commencez votre voyage en accomplissant la destinée qu'il a créée pour vous. Comme Josué, vous pouvez avoir des questions, vous pouvez ne pas savoir quoi faire, vous pouvez même avoir peur. Les enfants d'Israël ont dû douter que ce chef les conduirait dans la terre promise parce qu'ils avaient erré dans le désert pendant quarante ans. Tout comme à l'époque de Josué, où une nouvelle ère avait commencé, je crois que dans votre vie actuelle, il est temps pour vous de commencer une nouvelle saison. Il est temps que le reproche et la honte qui pèsent sur votre vie s'effacent. Nous voyons que les enfants d'Israël ont obéi à l'instruction de Dieu et se sont humiliés pour chercher sa volonté, ils ont réussi. Je comprends que commencer ce nouveau voyage peut vous sembler un peu étranger, voire impossible parfois ! Vous pouvez être assuré que selon Philippiens 4 :13, vous "pouvez tout faire par le Christ qui vous a fortifié".

Ce que vous avez à l'intérieur de vous est un don pour le monde

Par conséquent, une partie du riche héritage qui vous attend est constituée par les promesses sans faille de Dieu. Même si les enfants d'Israël ont entendu parler de la terre promise pendant des générations, mais qu'il leur a fallu presque quarante ans pour y entrer, Dieu n'a JAMAIS oublié ses promesses. Le livre de Josué et toute la Bible sont remplis de promesses qui ont été dites aux générations précédentes, et Dieu ne les a jamais oubliées et ne les oubliera jamais. Tout comme il était avec Josué, il est avec vous. Si vous l'avez accepté dans votre cœur, vous êtes devenu un héritier de ses promesses (Romains 8 :17a). Alors que nous arrivons à la fin du livre de Josué, nous voyons que toutes les promesses que Dieu a faites aux enfants d'Israël étaient ses dons pour eux.

Et l'Éternel donna à Israël tout le pays qu'il avait juré de donner à leurs pères ; et ils le possédèrent, et y habitèrent Josué 21 :43DARBY.

Et l'Éternel leur donna du repos à l'entour, selon tout ce qu'il avait juré à leurs pères ; et, de tous leurs ennemis, pas un homme ne tint devant eux ; l'Éternel livra tous leurs ennemis entre leurs mains. Josué 21 :44 DARBY

Il ne tomba pas un mot de toutes les bonnes paroles que l'Éternel avait dites à la maison d'Israël : tout arriva. Josué 21 :45 DARBY

Donner est la somme de tout cela. Le don est la raison pour laquelle Jésus est venu, c'est Dieu qui a donné son Fils unique (Jean 3 :16 LS). Dieu a créé un leader, Josué, en plaçant en lui les capacités, les dons et les talents nécessaires pour diriger une nation. Tout aussi important, Josué a dit "oui" à son destin. Dieu a ensuite béni Josué pour avoir fait ce pour quoi il avait été créé. Il s'est associé à Dieu et a accompli son destin, et ce faisant, beaucoup ont été bénis sur la terre.

Vous avez aussi été créé pour donner. Ce que vous avez à l'intérieur de vous est un don au monde. Ç'est pourquoi il est nécessaire que vous poursuiviez ce pour quoi, sur terre, vous avez été créé, à savoir faire et être. Dieu nous a donné librement toutes choses, et c'est à vous de rechercher intentionnellement ce pour quoi vous avez été appelé à faire. Ne laissez pas le mensonge du sort vous faire errer dans l'espoir que votre destin vous trouvera.

Le riche héritage consiste à découvrir ce qui a été placé en vous depuis le début des temps, le voyage dans l'accomplissement de votre destin, la rencontre avec les promesses de Dieu qui s'accomplissent dans votre vie, le fait de laisser le monde plein de votre héritage et enfin la jouissance de votre paix éternelle en Dieu.

Je prie pour qu'après avoir lu ce livre, vous compreniez mieux l'importance de votre objectif et l'impact qu'il aura sur cette terre. Souvenez-vous que Dieu vous aime au-delà de tout ce que vous pouvez imaginer, et la preuve en est le fait qu'Il vous a amené à lire ce livre pour apprendre à quel point vous comptez pour Lui et pour le monde.

"Ç'est pourquoi Il est celui qui négocie une nouvelle alliance entre Dieu et les peuples afin que tous ceux qui sont appelés puissent recevoir l'héritage éternel que Dieu leur a promis. ..." (Hébreux 9 :5)

Changez votre pensée !

Avez-vous des réserves quant à l'atteinte de votre objectif ? Je vous encourage à faire une liste de vos doutes, à prier et à demander l'aide de Dieu. Prenez également le temps de rédiger le pour et le contre. Il est parfois plus facile de gagner en clarté lorsque vous pouvez voir le problème sous un autre angle. Dès le commencement, le plan de Dieu était que vous connaissiez et compreniez le riche héritage que vous avez en Christ, que vous réalisiez votre but et que vous laissiez un héritage sur la terre. Il est maintenant temps d'ALLER. FAIRE. ÊTRE !

Notes

References

1. "The International Standard Bible Encyclopedia." *The International Standard Bible Encyclopedia*, Edited by James Orr, Vol. 1, The Howard Severance Company, 1915, pp. 3104–3104.
2. "Workmanship." Merriam-Webster.com, Merriam-Webster, www.merriam webster.com/dictionary/workmanship. Accessed 22 Jan. 2019.
3. "Poiema, Greek-Hebrew Definitions." Bible Tools.org, Church of the Great God, https://www.bibletools.org/index.cfm/fuseaction/Lexicon.show/ID/G4161/poiema.htm
4. Jaynor, Rick. Called to Create: A Biblical Invitation to Create, Innovate and Risk. (Baker Books, 2017), 34.
5. Sass, Jennifer. "Bee Facts: Why We Need Bees: Nature's Tiny Workers Put Food on Our Tables." *National Research Defense Council*, National Research Defense Council, Mar. 2011, www.nrdc.org/sites/default/files/bees.pdf.
6. "Father." Dictionary.com, Dictionary.com, www.dictionary.com/browse/father Accessed 22 Jan. 2019
7. " A Heart of A Man." Eric Esau, Sypher Studios, 2018. *Netflix*. https://www.netflix.com/title/80220646
8. "Diligent." *Merriam-Webster.com*, Merriam Webster, https://www.merriam-webster.com/dictionary/diligent Accessed 22 Jan. 2019

9. "Trust | Definition of Trust in English by Oxford Dictionaries." *Oxford Dictionaries | English*, Oxford Dictionaries, en.oxforddictionaries.com/definition/trust.
10. Carter, Christine. "What Is Forgiveness?" *Greater Good Magazine: Science-Based Evidence for a Meaningful Life*, greatergood.berkeley.edu/topic/forgiveness/definition.
11. "What It Means to Surrender to God." *Unlocking the Bible*, 15 Sept. 2018, unlockingthebible.org/2016/03/what-it-means-to-surrender-to-god/.
12. Elizabeth. "'Quit Your Stinkin' Thinkin'" (Joyce Meyer)." *Beloved Unlovables*, 10 Nov. 2014, belovedunlovables.com/2014/10/12/quit-your-stinkin-thinkin-joyce-meyer/.
13. Johnson, Bill. "Reigning in Life - Sunday Am." *Bethel TV, Bethel TV*, 13 Aug. 2017, www.bethel.tv/watch/4906.
14. Furtick, S. (2017). *How to build your vision from the Ground Up*. [video] Available at https://www.youtube.com/watch?v=aac5si2iKT0 [Accessed 22 Jan. 2019].
15. Furtick, S. (2017). *How to build your vision from the Ground Up*. [video] Available at https://www.youtube.com/watch?v=aac5si2iKT0 [Accessed 22 Jan. 2019].
16. Britannica, The Editors of Encyclopaedia. "Jezebel." *Encyclopædia Britannica*, Encyclopædia Britannica, Inc., 22 July 2010, www.britannica.com/biography/Jezebel-queen-of-Israel.

À propos de l'Auteur

Renele Awono est une heureuse épouse, mère de trois enfants, qui vit sur la côte ouest. Le Psaume 139 :14 a été sa confession, bien avant qu'elle n'en ait le vrai sens. C'est son désir le plus profond de rattraper tout ce que Dieu l'a créée à être, chaque jour elle fait ce voyage pas à pas. Si vous ne l'avez pas déjà remarqué, Renele est une femme de foi forte, qui croit que la poursuite intentionnelle de son but est essentielle.

Au cours de son parcours, elle a obtenu son Diplôme en Arts Libéraux, une Licence en Administration des Affaires avec un accent sur le Commerce International. Elle a également obtenu un Diplôme Mineur en Espagnol et étudie le Français, la langue de l'amour. Renele est une humanitaire dans l'âme et, tout au long de sa vie, elle a cherché des occasions de servir les personnes dans le besoin. En outre, elle a travaillé dans plusieurs secteurs industriels, notamment dans des organisations à but non lucratif et au sein de gouvernements locaux et étrangers.

Dans la poursuite de son destin, Renele a l'intention d'aider les autres à trouver tout ce pour quoi ils ont été créés !

Souhaitez-vous recevoir davantage d'encouragements de la part de Créature si Merveilleuse ?

Consultez le site web :
www.reneleawono.com

Consultez les livres à venir :
Cahier d'exercices de Créature si Merveilleuse
Journal de Créature si Merveilleuse
Des livres électroniques de Créature si Merveilleuse
Consultez les médias sociaux :
Instagram : @renele.awono

www.ingramcontent.com/pod-product-compliance
Lightning Source LLC
Chambersburg PA
CBHW060656100426
42734CB00047B/1955